サラリーマンの僕がやっている稼げる「新築アパート」実践投資法

エリアを選べる！　自由に建てられる！　利回りを自分で決められる！

丸川隆行 Marukawa Takayuki

日本実業出版社

はじめに

はじめまして。現役サラリーマンで不動産投資を行っている丸川隆行と申します。

私が不動産投資を始めようと思い、最初の1棟を購入するまで、2年の歳月がかかりました。その間に、200冊以上の不動産投資本を読んだり、様々なセミナーに参加して、不動産投資の方法やそれぞれの投資法のメリット・デメリットを学びました。

しかし、学べば学ぶほど、書籍に書かれているような利回りの高い中古不動産は見つからず、不動産会社から紹介される平凡な利回りの不動産を買ってしまおうかと妥協しそうになったことが何度もありました。

そのような経験を経て、私が初めて不動産投資に踏み出したのが、「土地から新築アパートを建てる投資法」です。踏み切ることができたのは、この投資法に中古不動産への投資にはない有利な点があったからです。

詳しくは本文で述べますが、有利な点の1つ目は利回りを自分で決められることです。自分で納得のいく土地を見つけ、高い家賃をもらえるような部屋を工夫することで、高いキャッシュフロー／利回りで不動産投資を始めることができるのです。

２つ目は、純資産が貯まりやすいことです。低金利で長期の融資を受けることと、キャッシュフローの獲得により、早期に投資金額の回収を行うことができます。

３つ目は、自分がよく知っている土地勘のあるエリアで始めることができます。中古物件で探していると、そういう都合のよい物件には、まず巡り合えません。

４つ目は、管理に手間がかからないことです。新築なので建物や設備の故障はほとんどなく、サラリーマンを続けながらでも手間にならず管理していくことができるのです。

ほかにも新築ならではのメリットは、たくさんあります。

本書では、自分自身が実際に行ってきた、稼げる新築アパートを実際につくり上げるまでの手順を、土地の探し方から建物を建てる時のポイント、さらには入居付けの工夫などまで、具体的かつ丁寧に説明しました。

これから不動産投資を行おうとしている方、すでに不動産投資を行っている方にとって、本書が参考になれば幸いです。

丸川　隆行

Contents

サラリーマンの僕がやっている　稼げる「新築アパート」実践投資法◉もくじ

第5章 自分で建てるからできる「空室の出ないアパート」にする方法

Contents

第7章 土地・建物の契約から建築までで押さえておくべきポイント

第8章 建てたあとが勝負！ 投資利回りを上げる入居付け

第9章 新築アパート投資で不安になることに答えます

カバーデザイン/吉村朋子
カバーイラスト/瀬川尚志
組版/一企画

第1章

様々な不動産投資法とその特徴をざっと整理します

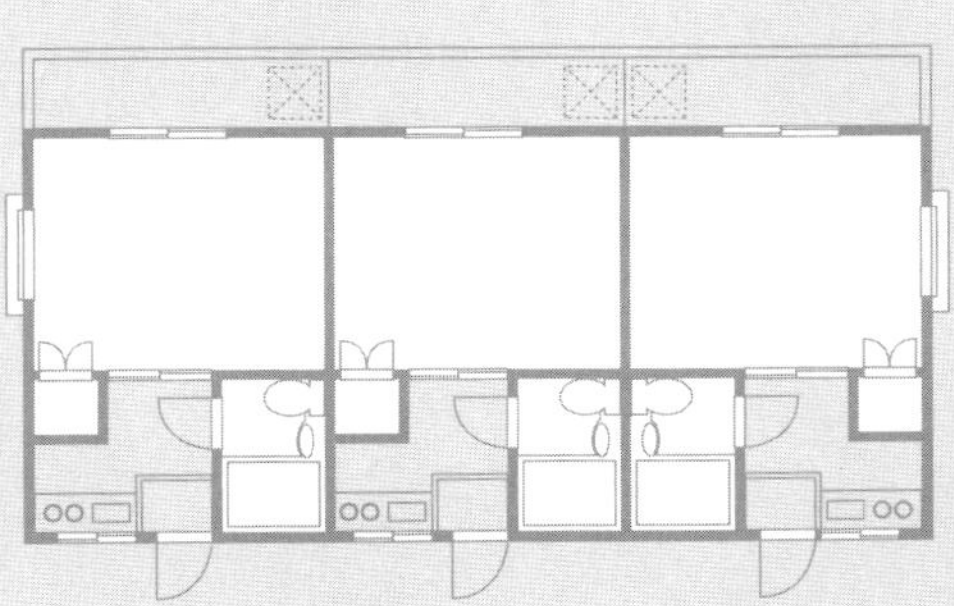

不動産投資を始めて資産を増やそうと考える方は、これまでもたくさんいました。そして、これからも増え続けるのではないかと思います。

では、どうしたらいいのかと、本屋さんに行って書籍を見ても、不動産投資の本は実にたくさんの種類のものが出ています。これらを読んでみると、世の中には様々な不動産投資のやり方があり、どのような投資法でどのような物件を購入すればよいのかわからなくなってしまうのではないでしょうか。

結論からいえば、不動産投資のやり方は、その方の資産・職業・住まい等の状況や目指したい姿によって答えは変わってきます。

そこで、本題に入る前に、様々な不動産投資法の特徴、メリット・デメリットを見ておきたいと思います。

「新築」投資と「中古」投資を比べてみよう

■「融資（金利・期間）」について比べてみる

新築のほうが一般的に金融機関の融資が通りやすいようです。金融機関からしてみると、築年数が経っている物件よりも入居付けがしやすく、確実な家賃収入が見込めると思われていることと、建物が新しく突発的な修繕等が発生しないため、経費についても予測がしやすく、物件の収支が立てやすいからだと思われます。

金利も一般的には新築のほうが中古よりも低金利かつ長期間で借りられるため、月々の返済における元金部分の割合が多く、自分の純資産が貯まりやすいといった特徴があります。要するに、元金部分を返していけば、その分が自分の資産になるわけです。

例えば、１億円を30年で借りた場合を考えてみます。

金利が１％ですと、月々の返済が約32万円です。その内訳は、元金分が24万円で利息分が約８万円になります。一方、金利が３％ですと、月々の返済が約42万円になります。その内訳は、元金分が17万円で利息分が約25万円となります。

金利１％の際の返済金額に占める元金の割合は75％なのに対して、金利３％の際の返済金額に占める元金の割合は40％になります。

融資を受けて不動産を購入している場合、その不動産は自分の資産ではなく金融機関の資産ともいえます。元金を返済することによって、本当の意味での自分の資産（純資産）になるわけです。

月々の返済額のうち、75％が自分の純資産になるのと、40％が純資産になるのとでは、純資産の貯まるスピードが異なってきます。

■「利回り」について比べてみる

中古のほうが表面利回り（以下、「利回り」といいます。27ページ参照）は高い傾向があります。これは中古物件の価格が安かったためです。

しかし、ここ1～2年は新築と中古の利回りの差がほとんどありませんでした。

利回りは、金融機関の融資姿勢によって左右されます。

融資情勢が緩和されると（融資に積極的になると）多くの人が物件を購入できるため、物件の価格が高くなっていきます。物件価格が高くなると、家賃収入は概ね一定と考えられるので、当然、利回りが低くなります。

また、中古では通常、法定耐用年数（21ページ図参照）の期間が融資期間とみられますが、法定耐用年数を超えて長期で融資をする金融機関があると、融資を受けて購入できる方が増えるので売買金額が上がり、利回りも低くなりがちです。

■ １億円の物件についての新築と中古アパートのキャッシュフロー（CF）のイメージ

〈新築アパート……利回り９%〉

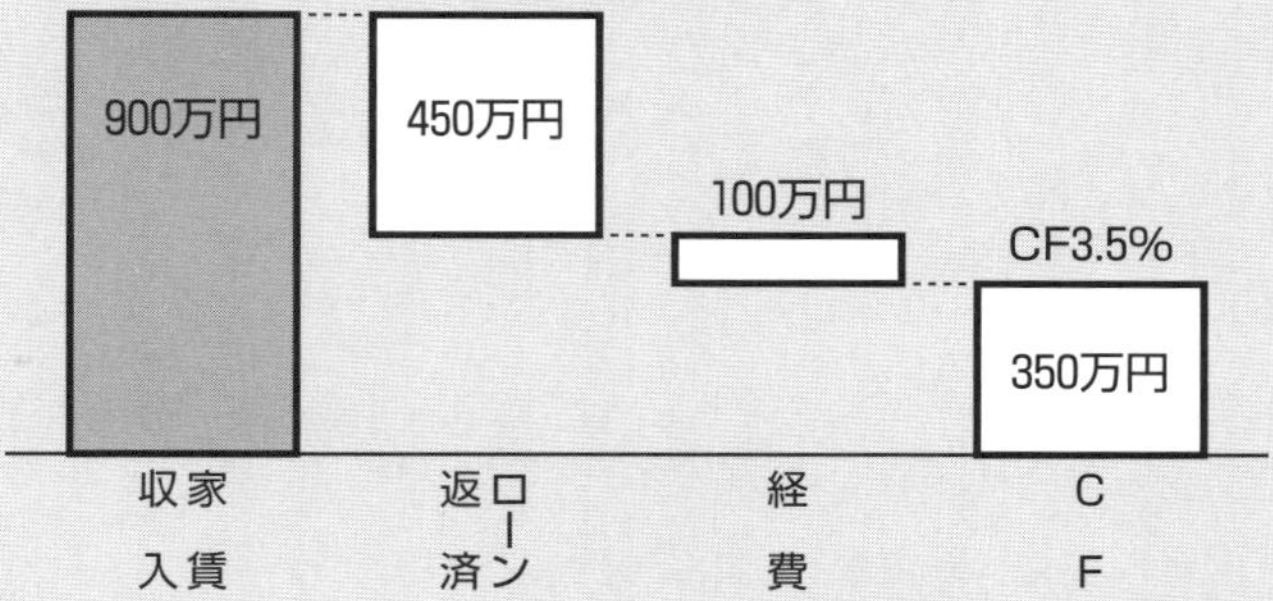

〈中古アパート……利回り12%〉

同じ１億円の物件ならば、中古のほうが部屋数が多い、立地がよく家賃が高いなどの理由で家賃収入が多くなる。

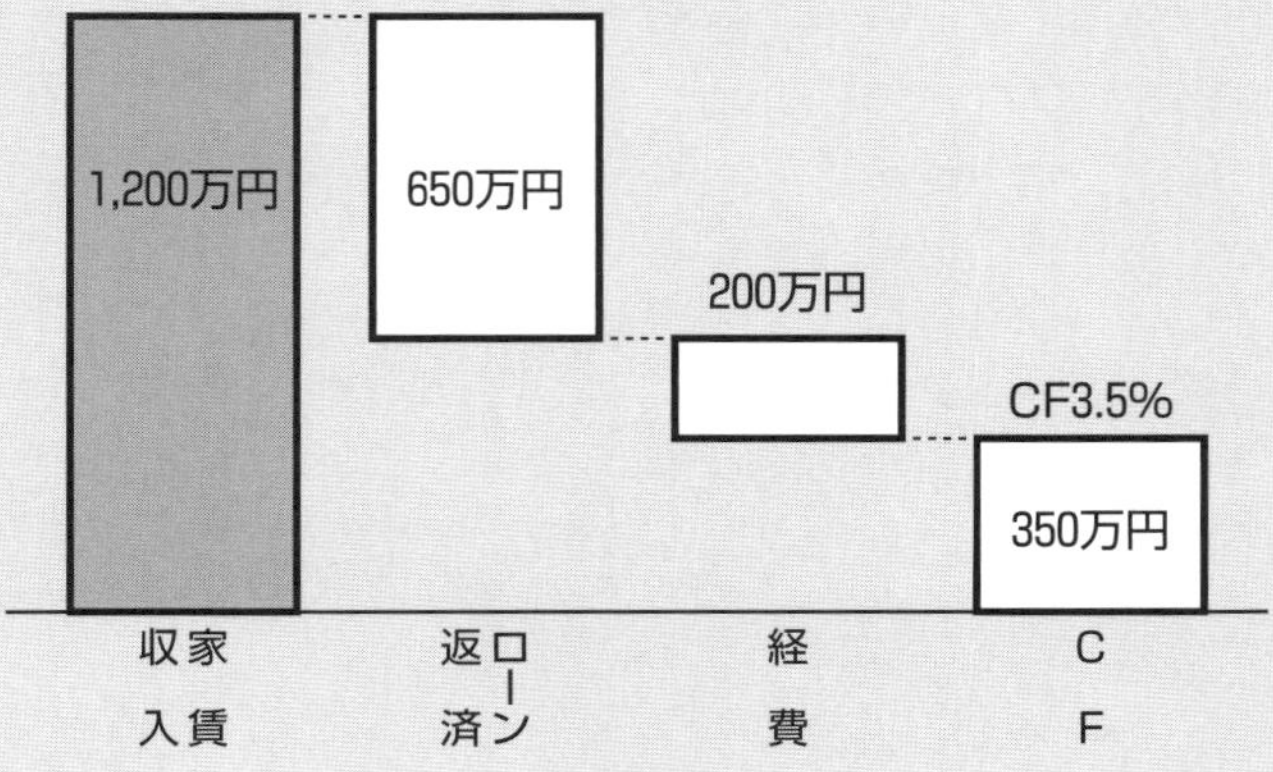

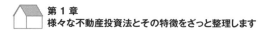

■「キャッシュフロー」について比べてみる

キャッシュフローは、

家賃収入－（ローン返済金額＋経費〈管理費・修繕費〉＋税金）

で計算します（前ページ図参照）。

先ほど述べたように、中古のほうが利回りが高くなります。利回りが高いとは、言い換えると物件価格に対して家賃収入が多いということです。

そして、中古物件は家賃の下落が緩やかですが、新築は築5年目くらいから家賃の下落が激しくなるため、家賃収入では中古のほうが多くなります。

一方、金融機関への返済金額は、融資を受ける金利と期間で変わります。一般的には新築のほうが金利が低く融資期間が長い傾向にあります。ですが、金融機関によっては中古に対する融資期間が新築よりも長く、その分、金利を高くしているケースもあります。これらは、月々の返済金額で比べると同じくらいになる場合もあります。

しかし、返済金額では差がつかなくても、返済額の中に占める金利分の割合が多くなり、金利を含めた費用の額は増えてしまいます（15ページ本文参照）。

また、中古は入居者がいる状況で購入するのが普通です。しかし、入居者の情報や建物設備の状況は売買時にはなかなかわかりません。購入後すぐに設備的な問題が発生し、修繕が発生する場合があったりと、新築と比較すると費用が高くなりがちです。

結果としては、現在の市況ではキャッシュフローについては、新築も中古もあまり変わらない状況といえます。

区分マンション／1棟アパート／1棟マンションへの投資を比べてみよう

■「積算」について比べてみる

「積算」というのは、金融機関が不動産に対して融資を行う際に、その物件にいくらぐらいの価値があるのかを評価する方法の1つです。

積算評価は、土地評価と建物評価を合算して算出されます。

まず、「土地評価」は、国税庁が毎年公表する「路線価」といわれる基準で計算します。

路線価は、土地の税額を計算するため道路につけられた1㎡あたりの評価額です。道路に面した土地の面積と、この路線価を掛け合わせて土地の評価を出すわけです。

区分マンション（マンションの1戸など）は土地の持ち分が少ないため、土地評価額はほとんどありません。

また、1棟アパートや1棟マンションは、土地の広さや場所の違いによって評価額が異なります。同じ場所で同じ広さであれば、建物の構造にかかわらず土地は同じ評価額になります。

一方、「建物評価」は、1㎡あたりの「再調達価額」に建物面積を掛け、残存年数（法定耐用年数－経過年数）で算出されます。

再調達価額とは、該当する建物を新たに建築する際にかかる金額のことです。1㎡あたり、木造・軽量鉄骨造は15万円、重量鉄骨造は18万円、鉄筋コンクリート（RC）造・鉄骨鉄筋コンクリート（SRC）造は20万円程度といわれています（ただし、金融機関によって金額は若干上下します）。

建物評価では、1棟アパート（木造）の評価が最も出にくい（評価額が低い）です。再

■投資用不動産の違いによる積算評価額の変化イメージ

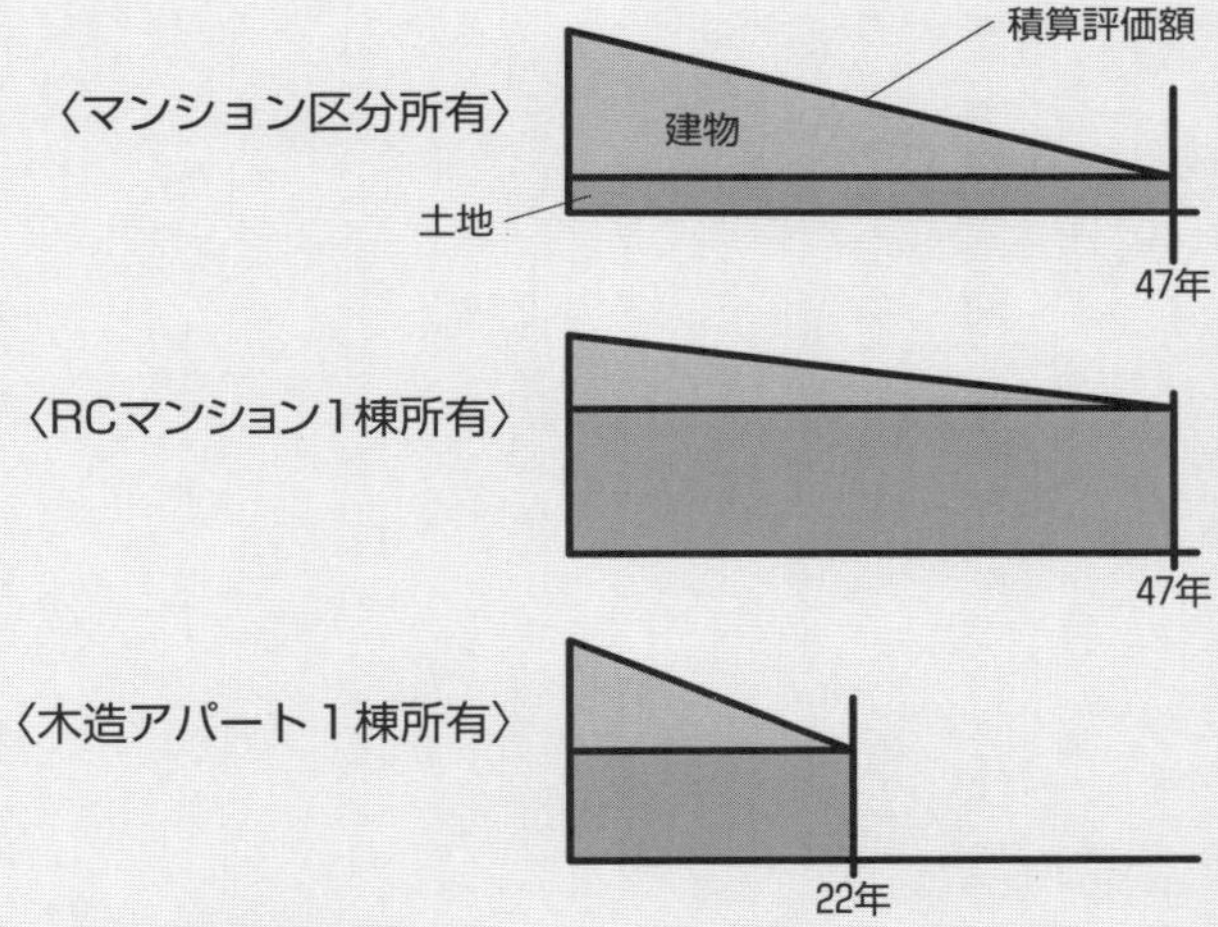

○法定耐用年数とは

建物や機械などの固定資産が使用できる期間として税法で決められた年数。資産を経費にするための減価償却の計算期間となる。

軽量鉄骨造	19年
木造	22年
鉄骨造	34年
鉄筋コンクリート（RC）造	47年

※軽量鉄骨造というのは鉄骨造の一種で、骨格材の肉薄鉄骨で厚みが3mm以下の建築物。

○再調達価額とは

該当する建物と同一のものを再び建てた（再調達）時に必要な費用。

（1㎡あたり）

木造・軽量鉄骨造	13万～15万円
重量鉄骨造	18万円
鉄筋コンクリート（RC）造・SRC造	20万円程度

調達価額の単価が安く、耐用年数が短い（22年）ため、年間あたりの減価償却（建物の価格を費用として計上していくこと）として計上する費用が多くなるためです。その分、会計上の建物の価値は減っていきます。

区分マンションや1棟マンション（RC造）は再調達価額が高く、かつ耐用年数も長い（47年）ため、建物評価も高くなりやすいのです。

これらの土地評価・建物評価の合算から金融機関によって評価されやすいのは1棟マンションです。区分マンションはほとんどが建物評価になるため、年数の経過とともに積算金額が下落していきます。木造1棟アパートは、建物評価の下落は早いですが、土地評価が変わらず一定額で残ります。

■「融資（金利・期間）」について比べてみる

金融機関は、基本的に積算評価の範囲内の金額を耐用年数内の期間で融資します。そのため、前述したように1棟マンションが最も積算での評価がされやすく、かつ耐用年数も長いので融資期間を長くすることができます。

積算での評価が低い木造1棟アパートや区分マンションに対しても長期間の融資をする

金融機関はありますが、その多くが物件評価に対して融資を行うのではなく、購入する方の属性（個人の職業や会社、年収や資産など融資判断のための基準）や担保に対して融資を行っています。そのような金融機関の融資は、期間が長い分、高い金利で貸されています。

■「利回り」について比べてみる

利回りは融資の受けやすさと反比例します。

金融機関からの評価が高く融資を受けやすい1棟マンションは、木造1棟アパートや区分マンションに比べて利回りが低くなりがちです。その理由は、融資が出やすいことから購入したい人が増えるため、物件の価格が高く、利回りが低くても購入されるためです。

逆に木造1棟アパートや区分マンションは融資を受けにくいため、1棟マンションに比べて物件価格を安くして、利回りを高くしないと売却することができない傾向にあります。

■キャッシュフローについて比べてみる

キャッシュフローの「金額」でいえば、規模の大きい1棟マンションは多くなりやすいです。1部屋ごとに購入する区分マンションは、その部屋あたりのキャッシュフロー額になるため、金額では少なくなります。

一方で、家賃に対するキャッシュフローの「割合」でいうと、木造1棟アパートが最も高くなりやすいといえます。なぜかといいますと、賃貸経営にかかる費用が他の不動産に比べて少ないため、キャッシュフローが残りやすいのです。

区分マンションは、そのマンションで決められた管理費や修繕積立金を支払わなければならず、家賃に占める経費の割合がどうしても大きくなり、その分、キャッシュフローは低くなります。

1棟マンションは、エレベーターや貯水槽のメンテナンス等、アパート経営では発生しない費用があり、かつ木造1棟アパートや区分マンションよりも利回りが低くなりがちなため、キャッシュフローの割合でいうと少なくなります。

このように不動産投資といっても物件によって特徴があります。さらにこの観点以外にも、首都圏なのか、地方なのかといった場所の観点によっても異なります。それぞれの特徴を理解しつつ、どのような投資を行っていくかを考える必要があります。

第2章

いま、新築アパート投資をお勧めする理由

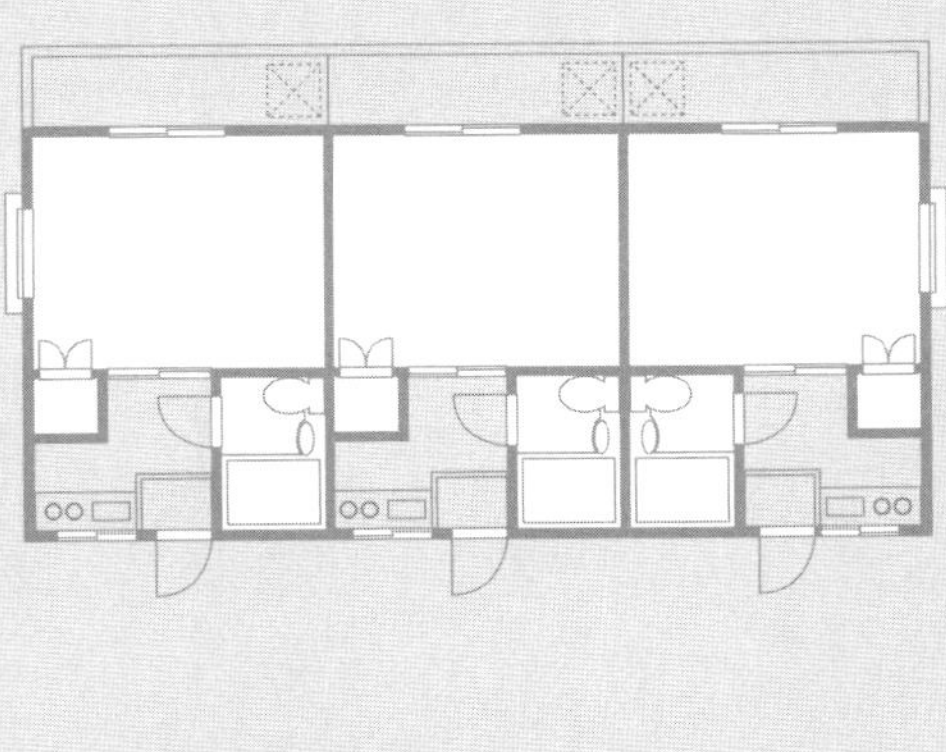

不動産投資をこれから始める方にとって、第1章で述べたそれぞれの投資方法のメリットやデメリットがわかりますと、それではどのような投資法がよいのかと悩まれるかと思います。

私は、初めて投資用不動産を所有するのであれば、新築アパートを自らつくり上げるのが一番よいと思います。

新築アパートがよいという理由は、収益性・資産性・返済リスクの観点で、他の不動産投資方法より優れていると感じているからです。

それでいて、**インターネットを駆使することで、誰でもゼロから土地を探して新築アパートをつくり上げることができる**のです。

キャッシュフロー3%の「高い収益性」を目指せる

初めての不動産投資としてお勧めする最も大きな理由は、収益性の観点です。投資額に対するキャッシュフロー率、3%を実現することができるからです。

キャッシュフローは、簡単にいうと家賃収入から経費や金融機関への返済金額を引いて、「最終的に手元に残った金額」のことです。その金額を物件金額で割った時の割合がキャッシュフロー率です（精緻に計算する際は税金についても考慮しますが、物件ごとに異なるため、本書では加味していません）。

普段、**「表面利回り」**を基準に物件を探している方には、キャッシュフローといわれてもピンとこないかもしれません。

表面利回りは、年間の家賃収入を物件価格で割ったもので、その利回りの高さがイコール手元に残るお金ではありません。キャッシュフローは、手元に残るお金です。

どんなに表面利回りが高くても、賃貸に関する経費が多くかかってしまっては手元にお金は残りません。また、融資を受けている場合は、融資の金利と期間によって返済金額が多くなると、やはり手元には残りません。

ここでキャッシュフローを理由にしているのは、利回りで見る家賃収入の部分だけではなく、家賃収入から返済額や経費を引いた後に残るお金のメリットをいいたいからです。

不動産業者に聞いてみると、最近の不動産投資市場では、キャッシュフローは投資額の１・５～２％が普通だといいます。少ないキャッシュフローでうまく運営していければよ

■「表面利回り」と「実質利回り」

表面利回り＝家賃収入÷物件価格

実質利回り＝（家賃収入－諸経費）÷（物件価格＋購入時経費）

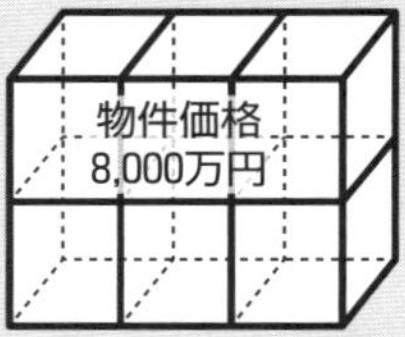

家賃８万円×６戸

表面利回り

（48万〈月〉×12か月）
＝576万円 ÷ 8,000万円
＝ 7.2%

実質利回り

（576万－諸経費50万）（8,000万＋300万）
526万円 ÷ 8,300万円
＝ 6.3%

いのですが、初めて不動産を購入する方や、現在なかなか収益が上がらないと嘆いている投資家さんにとって、この程度のパーセンテージのキャッシュフローではリスクがあると感じます。

自らが新築アパートをつくり上げるということは、自分で納得のいく土地を見つけ、高い家賃をもらえるような部屋を工夫することで、納得のいくキャッシュフロー／利回りで不動産投資を始めることができるのです。

新築アパートが投資額の3％以上のキャッシュフローを残せるのは、「長期間かつ低金利の融資を受けられること＋低いコストでのアパート運営」を行うことができるからです。

■キャッシュフロー（CF）の計算例

- 物件価格：１億円
- 土地：5,000万円
- 建物：5,000万円（１部屋の建築費500万円の10部屋で計算）
- 年間の家賃収入：900万円（１部屋75,000円×10部屋×12か月で計算）
- 利回り：9%（家賃収入900万円÷１億円×100）
- 金利：1.5%
- 返済期間：30年
- 年間返済額：約415万円（元金：約266万円、利息：149万円）
- 経費率：20%（管理費用：3%、税金：4%、修繕・募集費用：3%、空室率：5%、家賃下落：5%）

〈キャッシュフロー（CF）の計算〉
- CF：305万円＝（収入900万円）－（返済約415万円＋経費180万円）
- CF率：3.05%（CF 305万円÷物件価格１億円×100）

では、キャッシュフローの計算を実際にしてみたいと思います。

物件価格が１億円で、表面利回りが９％のアパートを想定します。

９％の利回りの物件をつくり上げるために、例えば都内で安い土地を見つけることは難しいですが、東京に近い神奈川県・埼玉県・千葉県などであれば、十分可能です。

私が購入した土地は、神奈川県の川崎市と横浜市で、神奈川県では人口１、２位の都市です。

上図を見てください。１億円の物件価格に対して、金融機関からの借入はフルローン（物件価格すべての金額を借り入れるローン。

148ページ参照）で、金利は１・５％、返済期間30年とします。

経費については、ざっくりと率で計算することとし、20％で見ておきます。

経費の内訳は、管理費用３％、税金４％、修繕・募集費用３％、空室率５％、家賃下落率５％としています。

この経費率20％というのは、１棟目の融資を受ける際に金融機関の担当者が収支計算で実際に使っていた数字のため、計算に用いるのに妥当だと思います。

とはいえ新築なので、これらの経費のうち修繕費用は３％もかからないのが現実であり、空室率も新築で５％も発生するようでは入居付けの活動ができていない証拠で、実際はもっと経費率は低くなるはずです。

このシミュレーションでは、利回り９％、キャッシュフロー３・０５％の物件となっています。

投資利回りを「自分で決める」ことができる

■中古物件の利回りの考え方

通常、中古の投資用不動産を購入する時は、次のように、その不動産が生み出す家賃収入で投資用不動産の価格を割ることにより、物件の利回り（表面利回り）を計算して、買うかどうかを検討することになります。

家賃収入は上げられないのが普通なので、不動産を買う側が利回りを上げるためには、利回りを計算する式の分母にあたる売買価格の値下げ交渉を行うしかありません。つまり、次のようになります。

「現在の家賃収入　→　売買価格の交渉　→　利回りが決定」

しかし、その中古の不動産が魅力的であればあるほど、同じように投資用不動産を探している人たちとの競争となってしまうので、売買価格の値下げ交渉が難しくなります。複数の買主から売買希望があれば、売主は強気の交渉ができるからです。

■ 中古不動産の利回りの考え方

現在の家賃収入⇒　売買価格の交渉⇒　利回りが決定

〈例〉

家賃収入360 万円÷不動産価格5,000万円×100＝7.2%（利回り）

■ 新築アパートの利回りの考え方

希望する利回りを決定⇒　家賃が高く、土地が安いエリアを調査⇒　希望の利回りに合うかを検証

〈例〉

希望利回り9%＝土地建物の価格検討8,000万円、家賃収入見込み720 万円→利回り９％→新築アパート投資を決定

■新築アパートの利回りの考え方

一方、自分で建てる新築アパートの場合は、建築前に想定する利回りを計算することができます。

なぜかといいますと、**希望とするエリアの家賃収入の状況を事前に調べることができ、土地の購入費用と建物の建築費用について事前に計算することができる**からです。

自分が希望する利回りを得るためには、いくらの家賃相場のエリアで、土地の購入費用をこれぐらいに抑えなければいけないということが計算できるのです。

「希望する利回りを決定　↓　家賃が高く、土地が安いエリアを調査　↓　希望の利回りに合うかを検証」

このように、中古不動産が結果的に利回りが決まるのに対して、新築アパートでは初めに利回りを決め、その希望に合う土地を見つけ、アパートを建てることになるため、考え方がまったく異なります。

29ページのキャッシュフロー計算例では、都内に近いエリアを想定し、９％の利回りでの例を示しましたが、もっと高い利回りを求めたい時は、より土地の値段の安いエリアで探すことで、９％以上の利回りの新築アパートをつくることもできます。

純資産の増加によって「資産性が高く」なる

新築アパートは、融資の際に低い金利で借り入れをすることができます。そのため、月々の返済のうちに占める元金の割合が多いので、純資産が増えやすいのです（15ページ参照）。簡単にいうと、融資の元金分をどんどん返していけば、その分だけ自分自身の資産（アパート資産）として残るということです。

金利の低さによる純資産の蓄積（元金返済）と、キャッシュフローの獲得により早期に

■キャッシュフロー（CF）の計算例

・物件価格：１億円
・土地：5,000万円
・建物：5,000万円（１部屋の建築費500万円の10部屋で計算）
・年間の家賃収入：900万円（１部屋75,000円×10部屋×12か月で計算）
・利回り　：9%（家賃収入900万円÷１億円×100）
・金利　　：1.5%
・返済期間：30年
・年間返済額：約415万円（元金：約266万円、利息：149万円）
・経費率　：20%（管理費用：3%、税金：4%、修繕・募集費用：3%、空室率：5%、家賃下落：5%）

〈キャッシュフロー（CF）の計算〉
・CF：305万円＝（収入900万円）－（返済約415万円＋経費180万円）
・CF率：3.05%（CF 305万円÷物件価格１億円×100）

借入額の回収が行え、10年間で建物分の借入額を回収することができるのです。

先ほどキャッシュフロー計算の例で使用したものと同じ不動産で、資産性を計算してみます（上図）。

５０００万円の土地に５０００万円の建物を建てた１億円の新築アパートの場合、家賃収入から経費を引いたキャッシュフロー分３０５万円に年間の返済額のうちの元金返済分２６６万を足すと、年間５７１万円の純資産が増えることになります。

単純に、この金額が10年間貯まると５７１０万円となり、建物分の５０００万円以上を回収したと考えられます。

■10年間の元金返済とキャッシュフロー（CF）を足すと、建物分の借入金額を回収できる

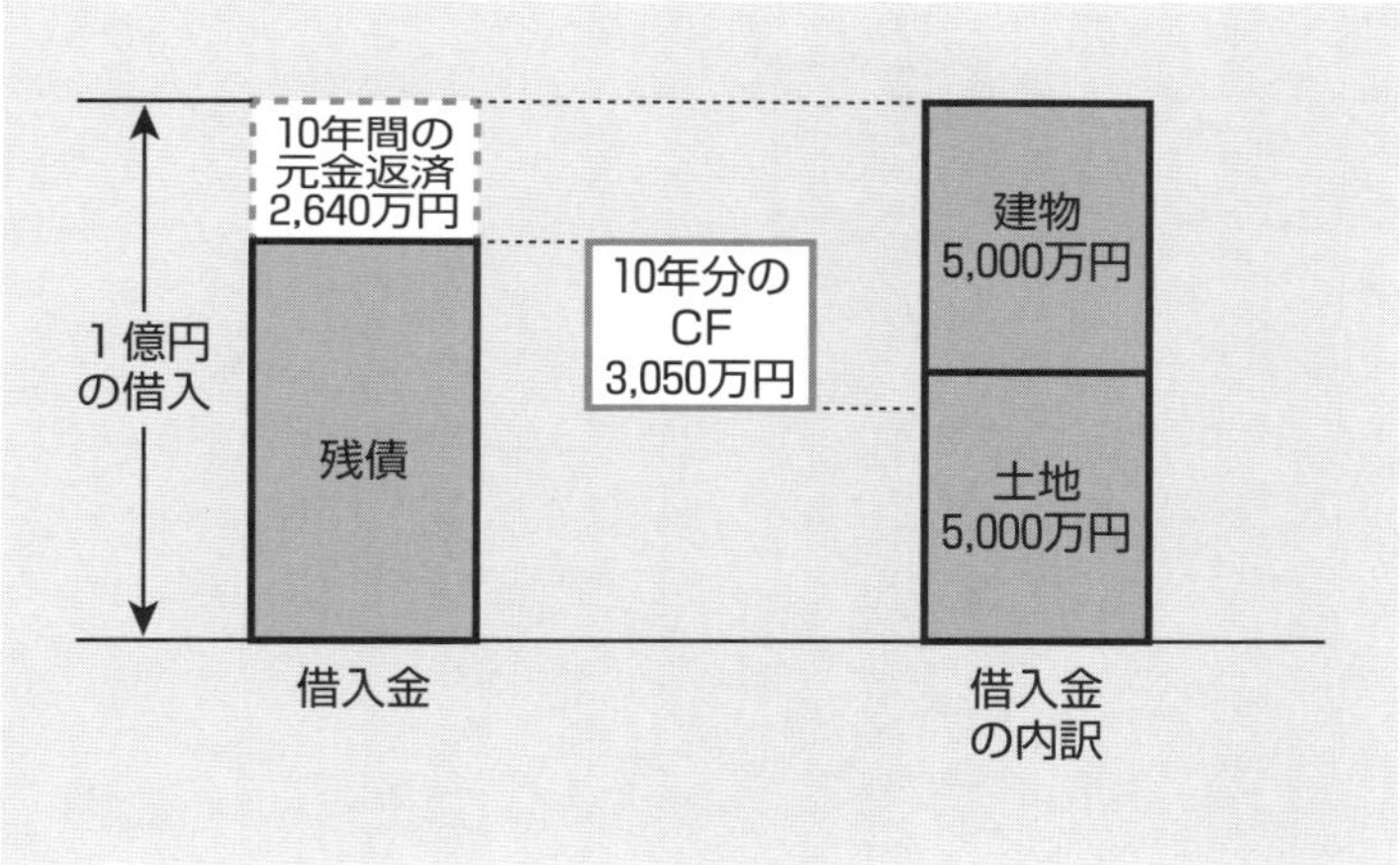

そうなりますと、残った借入額は値下がりがほとんどない土地分の残債として考えられます。

残債は返済のつど減少していきますが、土地資産は価格が変わらないため、土地評価分と建物の残存価値が資産となり、資産超過の状態となります。

資産超過の状態でアパート経営をすることができれば、金融機関からも評価され、引き続き次の投資に向けた融資を受けることができます。

ただし、この考え方で注意してほしい点がいくつかあります。

１つ目は、高金利で融資を受けてしまうと、返済金額のうちの元金返済分が少なくな

るため、同様の想定にはならない場合があります。新築のアパートだからこそ、金融機関は賃貸経営経験の少ないサラリーマンにも低金利で融資をしてくれるので、そのメリットを最大限に活かすべきです。

２つ目は、総費用のうち建物比率が高くなってしまうと、同様の想定にならない場合があることです。木造アパートの建築費用は、どこでもそれほど変わらず、だいたい１部屋あたり４００万～５５０万円を想定していますが、安い土地に建物を建てる場合、借入金に占める建物比率が多くなるため、10年での回収ができないケースもありえます。

返済比率50％にすると「リスクを軽減」できる

新築アパートでは、フルローンを借りても返済比率（金融機関への返済額の家賃収入における割合）を50％にすることができます。要するに、家賃収入の半分が返済額になるということです。金利１％台で30年の長期融資で借り入れることにより、月々の返済額を抑えることができるからです。

先ほどの計算例（34ページ図参照）の場合、年間の家賃収入９００万円に対して、金融機関への返済は年に４１５万円であり、返済比率は約46％になります。

私は返済比率を大事な目安にしています。

なぜならば、**返済比率が低いということは、その割合まで家賃が減ったり、空室ができて月々の家賃収入が減っても、金融機関への返済が可能であると考えられる**からです。不動産投資は、金融機関への返済さえできていれば、負けない投資なのです。

私自身が不動産投資を始める時、家族には最悪でもこの家賃であれば入居者がいるはずだから金融機関への返済ができるということをわかってもらうと同時に、この返済比率をもって、最低でも何部屋が埋まっていれば金融機関への返済ができると自分自身で納得することができ、購入を決心することができました。

仲介手数料が少なく「初期費用をセーブ」できる

1億円の中古物件を1棟購入する場合、不動産業者に支払う仲介手数料は、「(1億円×3%+6万円)×消費税」となり、330万4800円となります。

一方、同じ1億円の物件でも、土地が5000万円で建物が5000万円の物件を自分で建てる場合、土地売買の際の仲介のみに仲介手数料がかかることになり、168万4800円になります。

建物については、建築会社と直接、建築請負契約を締結するため、仲介手数料がかかりません。

この差額は、162万円にもなります。この金額を賃貸経営のキャッシュフローで稼ごうとすると、1億円の物件で3%のキャッシュフロー率として、約半年分の金額になります(3%だと年間のキャッシュフローは300万円になるため)。

とくに、投資初期には突発的な出費や建物完成からの入居付けのための経費がかかってくるため、自己資金は可能な限り手元に残しておきたいところです。

■仲介会社の手数料の流れ

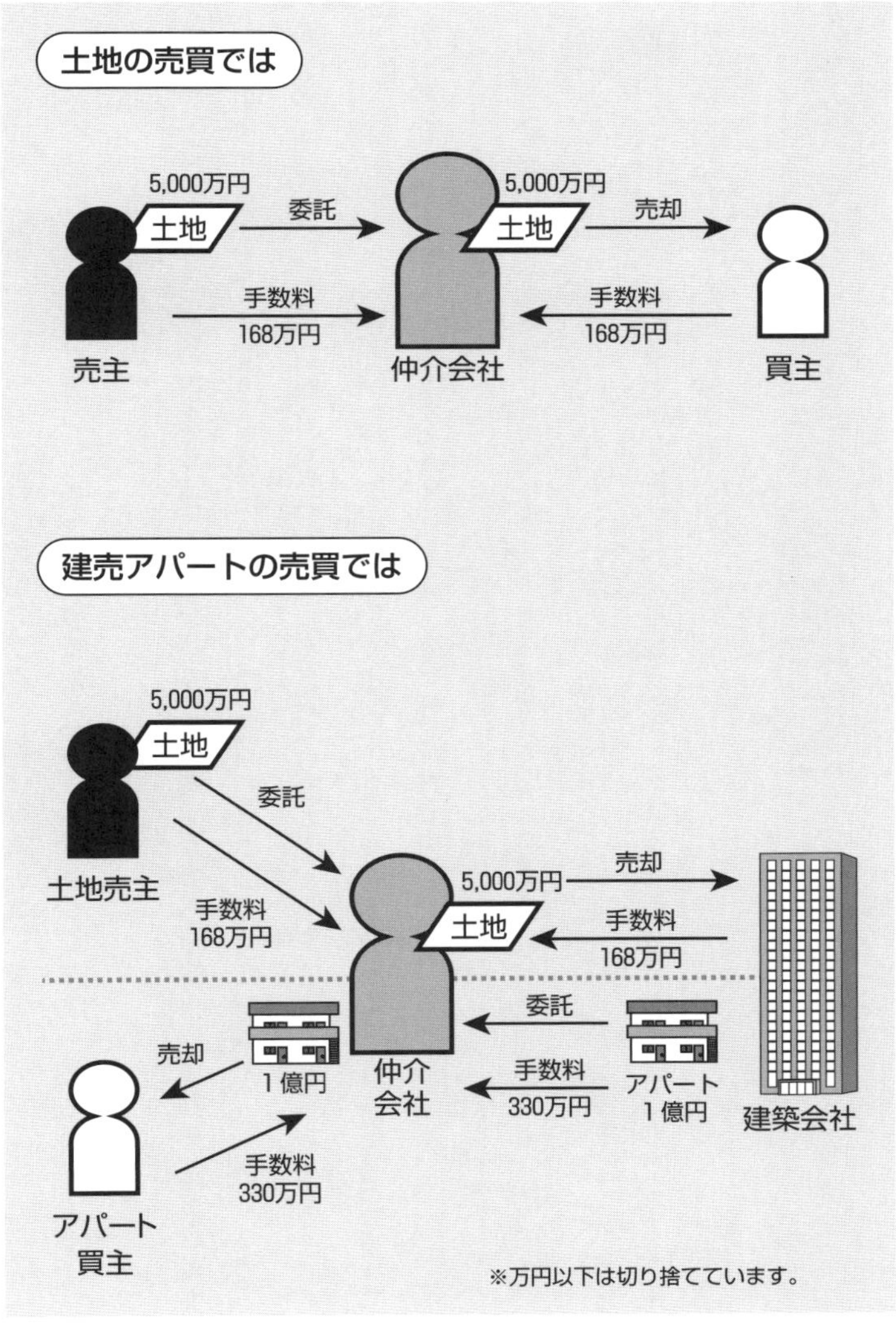

この仲介手数料に関して、不動産業界でよくいわれる話があります。

収益不動産をメインで扱っている不動産仲介会社に土地だけの紹介を依頼しても、いつまで経っても紹介はないでしょう。

なぜなら、仲介会社の担当者は、土地を紹介して土地分のみの仲介手数料を売主と買主からもらうよりも、一度建築会社にアパート建築用土地として売買を仲介し、売主と建築会社の両方から仲介手数料をもらい、その後建築プランを入れたうえで、新築アパート（土地・建物）の売買を仲介すると、再度それぞれから仲介手数料が入り、1つの土地で二度仲介手数料を稼げる取引になるからです（前ページ下図）。

したがって、土地を探す際の不動産会社の選び方としては、投資家向けに投資用不動産を紹介している不動産会社よりも、**一般の人向けに戸建て住宅や住宅用地を紹介している地元に根付いた不動産会社や、駅前に店を構えている大手不動産会社のほうがアパート用の土地を紹介してもらいやすい**と思います。

第3章

中古物件の不動産投資で留意しておきたい点

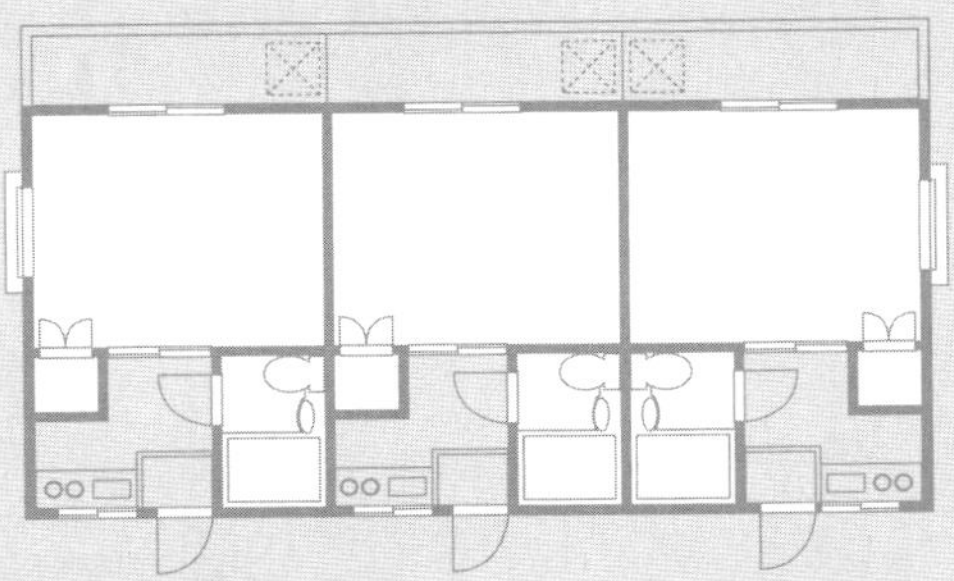

本章では、新築アパート投資ではない、代表的な中古物件への不動産投資に対する、私から見た懸念点を取り上げたいと思います。

とくに、不動産投資をこれからやってみようという方は、各投資方法の優れた面だけではなく、懸念となり得る面にも目を向けてほしいと思います。

1 「地方の中古RC1棟マンション」への投資

金利によっては出口がかなり厳しくなる

地方の築20年から30年ぐらいの中古RC（鉄筋コンクリート）マンションを対象とする投資法です。

広い土地があり、建物の耐用年数もまだ20年近く残っているため、金融機関の評価も高く出やすく、かつ融資期間も残りの耐用年数で借りることができます。そのため、キャッ

■地方RCマンションの売価と積算評価の違い

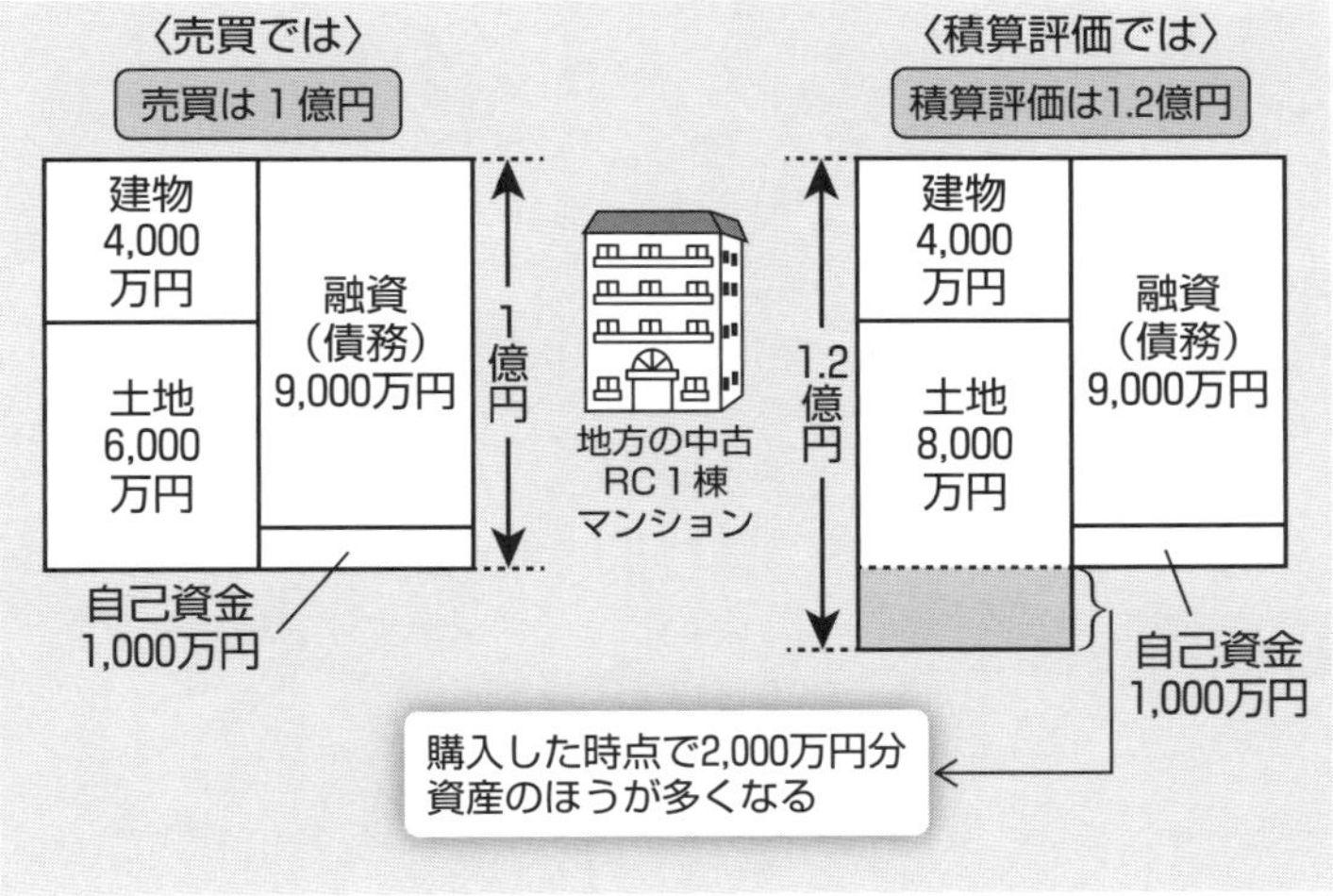

シュフローが残りやすく、金融機関が計算する土地・建物の金額が売買価格を超えているため債務超過にならず、理論上、不動産を継続して購入していくことができます。

　不動産投資において「出口」または「出口戦略」といわれるのは、一般的に保有する投資用不動産を売却する際のことをいいます。投資には始まりがあれば終わりがあります。自分の不動産をどのように売却するかで、投資の成否が変わってきます。投資をする際には、必ずこの出口を考えておかなければなりません。

　地方の中古ＲＣマンションについて金融機関の評価は高いのですが、出口で考えるといくつかの懸念もあります。

45ページの中古RCマンション投資の計算例では、購入時は積算評価額の1億円でした。それが5年後には、建物の評価が5000万円から3900万円に下がっています。

したがって、5年後にこの物件を売却しようとする際、自分と同じ投資法（すなわち積算評価の出る物件を購入していく方法）で購入を考えている人に売却しようとすると、積算評価の8900万円で売らなければならなくなります。


また、売却額が下がるのと連動して、残債の返済も一緒に考えなければなりません。初めて物件を購入する場合、購入後のキャッシュフローを最大化するために、長期間の借入をして購入することが多いと思います。

万が一のことを考えて、キャッシュフローを最大化させるのは投資初期にはとても大事です。しかし、その結果、融資期間を長くしているので、1億円の物件の月々の返済額47万円のうち、元金は9・8万円で、37万円は利息を払っている状況になります。

すると、5年後に売却しようとした時の残債は9300万も残っており、先ほどの積算評価での売却可能額の8900万円よりも多くなり、差額の400万円を自己資金で返済しなければならなくなる可能性があるのです。

■地方中古ＲＣマンション投資の「残債」「積算」「会計上の資産」の計算例

・積算評価１億円の築25年のＲＣマンション物件を１億円の融資（フルローン）で購入する。
・契約書の建物と土地の割合は、建物７：土地３とする。
・延べ床面積は、534㎡。建物の再調達価額は20万円とする。
・融資は、１億円を4.5% 35年で借り入れる。

物件価格：１億円（建物：7,000万円、土地：3,000万円）
積算評価：１億円（建物：5,000万円、土地：5,000万円）
融資金額：１億円（フルローン）

５年後に売却をしようとした時のそれぞれの金額は以下の通りになる。

売却価格は購入時と同じように、その時の積算評価額とする。

５年後の中古RCマンション評価額

・残債＝約9,300万円
・積算評価額（売却価格）
　＝土地5,000万円＋建物約3,900万円（534㎡×20万×〈47年－30年〉÷47年）＝約8,900万円

会計上の資産額

＝土地3,000万円＋建物約5,600万円
＝約8,600万円

購入時における土地・建物の割合を決める際には、それぞれの固定資産税の割合で按分する方法や、いずれかの固定資産税評価額をもとに、売買金額からその評価額を差し引いた金額をもう一方の価額とする方法等があります。

これらの計算方法によっては、建物の割合を増やし、減価償却できる金額を増やすことがあります。

費用を増やすことで利益を圧縮することができ、税金を少なくしようと、よく行われます。この考え方に関してもマイナス面があります。

税務上は売却益が出た際は税金を支払わなければならないのですが、利益は「(売却価格－取得費―譲渡費用)－会計上の資産額(建物＋土地)」となります。

「会計上の資産額」とは、建物を毎年、減価償却(建物の価格を分割して費用に計上していくこと)していき、残っている金額のことです。

この建物の評価額について、購入時の建物割合を増やしたことにより、物件保有時に大幅に減価償却され、売却時の評価額が下がってしまうのです。その結果、不動産売却益が多く残り、税金を払わなければならなくなります。

このような売却時の問題を購入時に教えてくれる不動産会社はあまりないと思いますので、購入の際の土地・建物割合の決定は慎重に検討すべきだと思います。

税務処理では、売却価格が決算上の資産額よりも多いため、利益が発生することになり（この例では取得費や譲渡費用などの売買に関する費用は考慮していません）、利益に対する譲渡所得税が20％かかります。この例では、売却価格８９００万－会計上の資産８６００万＝３００万の20％で、60万円になります。

１億円の投資をして残るキャッシュフローが最近の傾向である2％だとすると、年間２００万円のキャッシュフローになり、単純計算では5年間で１０００万円が手元に残ります。そこから先ほどの返済負担額と税金分の４６０万円を差し引くと、５４０万円になります。

これを5年で割ると、1年あたり約１１０万円。つまり、1億円の投資をして年間に稼いだのは１１０万円ということになります。

融資の金利が高く、なかなか返済が進まない

地方の中古RCマンションを買う方の多くは、高金利の金融機関を利用しているケースが多いと思います。

これには3つの理由があります。

1つ目は、物件の場所や購入者の住居地域によって金融機関の融資可否が変わってくるため、サラリーマンに対して全国の（地方の）物件への融資をする金融機関が少ないことです。

2つ目は、融資の審査が早いためです。物件購入の際、その物件を買えるかどうかは融資承認がおりた順のスピード勝負になることがあります。高金利の金融機関は、購入者の属性（個人の職業や会社、年収や資産など融資判断のための基準）によって貸出金額を定めているため、属性がわかった時点で素早い判断が行えるのです。

物件を購入したい投資家が、低金利であっても審査に時間がかかってしまい、結果的に購入できないのであれば、審査が早い高金利の金融機関から借入してでも物件を購入しよ

■金利によって純資産の増え方が違う

〈例〉　１億円の物件
減価償却　250万円／年

金　利	1.5%	4.5%
元金返済額	約432万円	約316万円
減価償却額	250万円	250万円
純資産増加の額	182万円（432万－250万）	66万円（316万－250万）

約３倍の差になる

うと考えるため、よく利用されているのです。

３つ目は、不動産仲介会社としては、売買ができず、取引自体が流れてしまうことは最も避けたいことです。早く融資の承認を受け、投資家に購入してもらわないと仲介手数料を得ることができないため、審査の早い金融機関（＝高金利）を紹介するケースが多いのです。

ただし、優れた仲介会社は、全国の物件に融資してくれそうな金融機関をあらかじめピックアップしており、高金利の金融機関以外にも並行して審査を依頼して、少しでも投資家の運営負荷を減らそうと考えてくれている会社もあります。

以上の理由から高金利の金融機関で借り入れるケースが多くなります。高い金利の融資で賃貸経営しますと、月々の返済においては元金の返済よりも利息分の支払いが多くなる一方で、建物の減価償却が進み、なかなか純資産が増えない状態が続きます。

かかる経費が高くなる

最初の投資物件を地方で探そうとすると、紹介されるエリアはたいてい初めて耳にするような地域ではないでしょうか。

当然、自分の知らないエリアなので賃貸需要のあるなしは、あまりわからないでしょう。知らないエリアであってもきちんと需要調査をすれば問題はないのですが、ＲＣのように大勢の不動産投資家が掘り出し物の物件を探している状況では、地元の管理会社に現行家賃の妥当性や需要のある間取り・設備などの確認をしている時間をとるのは難しいでしょう。

また、紹介された当日ないしは次の日に、物件の現地調査をして、入居付けをするためのリフォーム内容を検討する時間などもなかなかとれないと思います。

このような状況下で価格と利回りに惹かれて物件を購入してしまった場合、買った後に入居者を募集するために必要なリフォームや広告費等の費用がかかることを初めて知ることもあるでしょう。

ＲＣマンションの場合、戸数が多いため、募集や修繕等にかかる費用も戸数に比例して多くなります。

リフォーム費用は、首都圏よりも地方のほうが家賃が低いため、家賃に対する費用の割合としては高くなります。さらに、自ら物件を確認する時には、毎回移動費用がかかってしまいます。

一時的な費用の他に日々かかる費用として、管理費、電気代、清掃費用、エレベーター管理費があり、ＲＣマンションのように規模が大きいと、そこにかかる維持費用も多くなります。

自己資金を出さずにフルローンで購入できたとしても、こうした出費で自己資金を使い、残りの資金が少ない状況になると思います。規模の大きい地方ＲＣマンションを購入する際は、このような費用がかかることを想定しておく必要があります。

２「築古アパートを30年融資」で投資

出口の想定が難しい

建てられてから十数年以上経過しているような築古アパートは、価格がかなり抑えられているため利回りも高くなりやすいと思います。

しかし、購入時にすでに法定耐用年数（木造アパートは22年、21ページ図参照）がギリギリか、超えているため、いざ売却しようとした時にその物件を買おうとする方に融資する金融機関は限られてしまいます。

現在ですと、オリックス・静岡・一部の信金・ノンバンクしか聞かず、「アパートローン」（150ページ参照）を行っている金融機関の評価に依存する形になります。

融資期間は、各金融機関で建物構造ごとに定めている年数（基準年数）となります。

例えば、築年数が25年の築古アパートを購入したとします。10年保持して売却しようとすると、基準年数が50年の場合、50年－35年＝15年となり、その物件を購入しようとする人への最大融資期間が15年と短くなります。すると月々の返済金額が多くなって、月々のキャッシュフローも少なくなってしまいます。

安く物件を購入できても、売却の時に次の買主が利用する金融機関の融資期間によって、売却金額が左右されてしまうことを知っておく必要があります。

土地として売る方法もありますが、立ち退き費用や解体費用、立ち退いてもらうまでの期間の収入減に耐えられるか考える必要があります。

借入の返済が進まず純資産が増えない

法定耐用年数を超えた物件を買う方の大半が、高金利の金融機関を利用するケースが多いと思います。

なぜかといいますと、通常、金融機関は耐用年数を限度に融資期間を設定しているため、

■金利差による10年後の元金返済額の違い

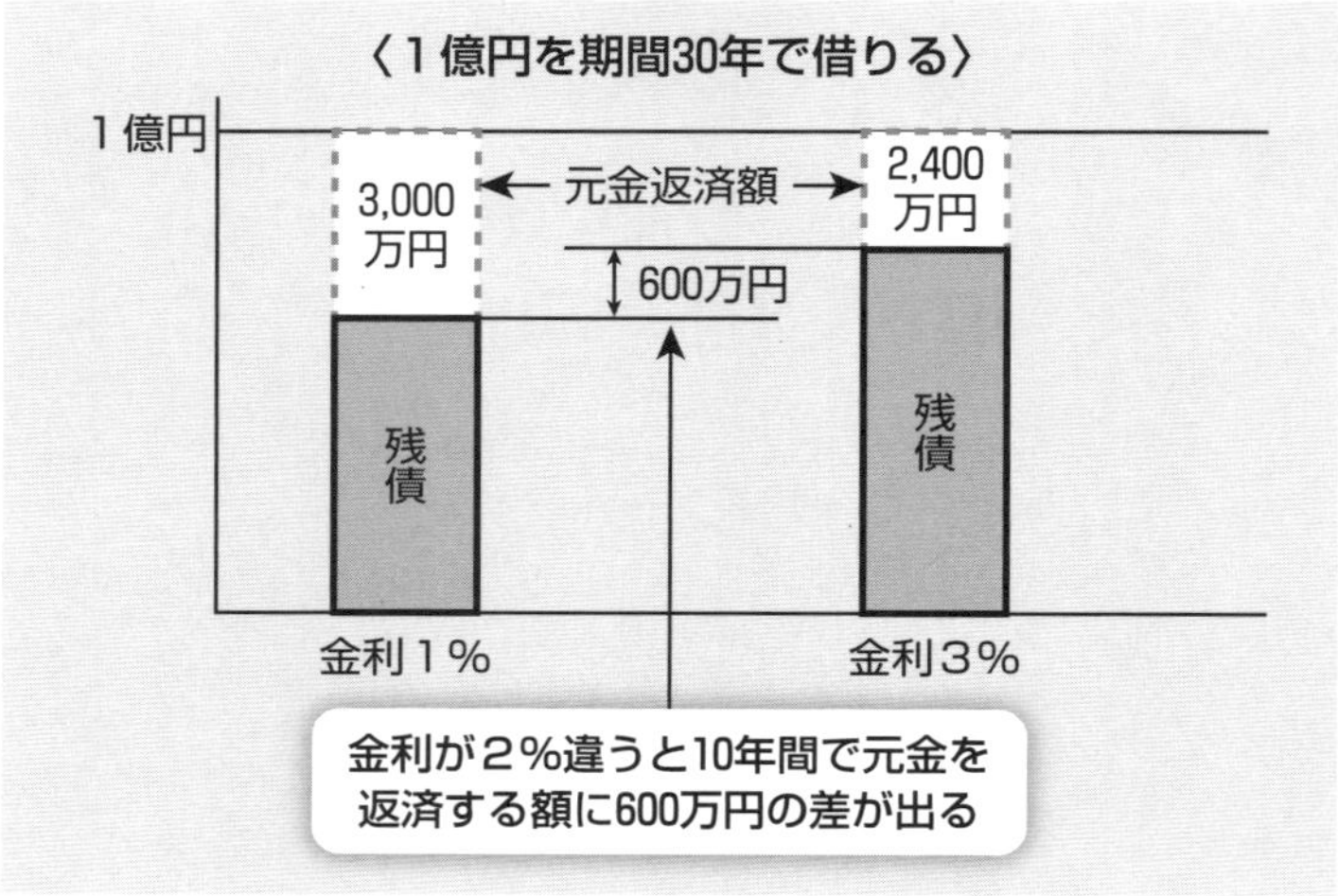

中古アパートでは短期間での借入となり、物件の収支が合わなくなるためです。

そのような中、一部の金融機関は、サラリーマンの給与収入を踏まえた属性の評価で融資をしています。

そうした金融機関は、耐用年数が短い、あるいは超えている築古アパートに対しても、金利は高くなりますが長期間の融資を提供しています。

長期間の借入ができることにより、金利が高くても月々の返済金額が低く抑えられるため、キャッシュフローが残るのです。

しかし、このキャッシュフローは、返済期間を延ばすことによって実現されている見せかけのキャッシュフローです。

実際に計算してみましょう。

金利３％で１億円を期間30年の融資を受けた場合、月々の返済金額のうち、返済金額の41％が元金で、59％が利息になっています。

このような金融機関で高金利・長期間の借入を行いますと、10年間返済しても元金は借入額の24％しか返せていない状況になります。

経費がかかってキャッシュフローが残りにくい

築古のため、修繕費用が築浅や新築よりもかかる可能性が非常に高くなります。

入居者が入ったまま購入した場合、部屋の中の状況を確認することができません。

現在の賃貸ニーズと合っていない設備の場合、賃貸人が退去するたびに、古い設備を交換するリフォームをする必要が出てきます。

また、築古アパートの場合、同様の競合アパートがありますと、賃料を下げるか、広告費の上積みなどをして仲介会社に自分のアパートを紹介してもらわなければならなくなります。

そうしたことを想定した資金を準備できればよいのですが、なかなかそこまで考えが回りません。

これから投資をしようという時は、購入にあたっての自己資金の投入や諸費用分の支払いだけでなく、賃貸経営を始めた後で発生する経費について想定しておくことが必要になります。

③「新築利回り7%フルローン」での購入

利回り相場から逆算した物件価格になっている

これは、不動産業者が販売する新築アパートの不動産投資物件です。

こうした物件を建売りする業者の工程は、

①土地を仕入れ、②間取りを決め、③建物を建築し、④それらにかかる原価に利益をの

■築年数経過による賃料・家賃の下落

築0年：10.88万円
築１年〜築３年：10.59万円（新築時より３%下落）
築20年〜築24年：9.78万円（新築時より10%下落）
築30年〜築34年：8.24万円（新築時より24%下落）

（中野区の２LDK/１LDK物件。SUUMOによる調査より）

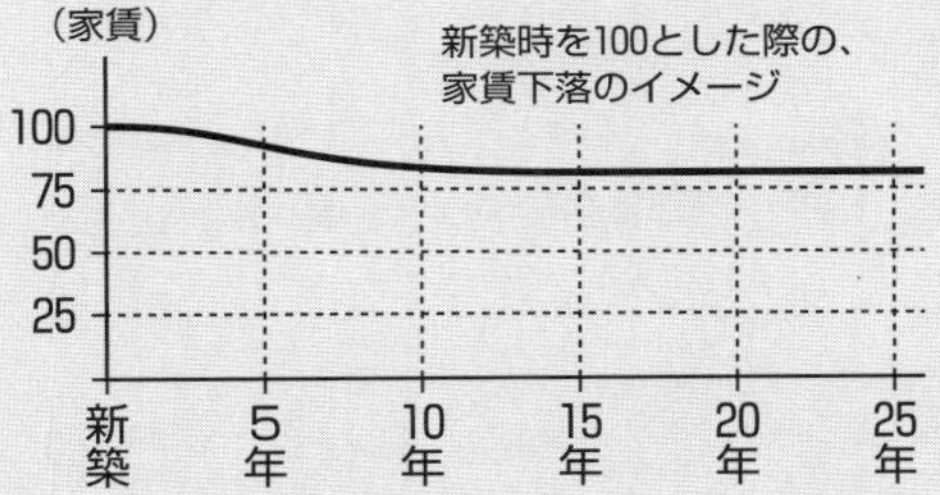

せて売りに出す、

となります。その際、売価の決定は周辺相場での表面利回り（27ページ参照）と同じくらいになる金額に設定します。

そのため、建物の建築費用を安くして、そこに利益をのせているので、購入者から見ると割高になりやすいのです。

新築アパートは、築年数の経過に伴う家賃の下落が、一定の築年数が経過したアパートよりも著しいのが一般的です。

そのため、新築時の返済比率は余裕を持って考えておく必要があります。

7%の利回りの新築アパートを次ページ図のような条件で購入した場合、月々の家賃収

■利回り７%の新築アパートの計算例

・物件価格：１億円

・土地：5,500万円

・建物：4,500万円（１部屋の建築費500万円の９部屋で計算）

・融資金額：１億円

・金利：1.5%

・融資期間：30年

・月々の家賃：約583,333円（年間700万円）＝利回り７%

●月々の返済金額：345,120円

●**返済比率：約60%**（345,120円÷583,333円×100）

入と返済金額は、図の下部のようになります。

このように返済比率が60%ですと、3分の2以上の部屋が埋まっていないと返済ができなくなる計算です。

新築なので、滅多なことでは3分の1以上の退去はないと思うかもしれません。事実、私も1棟目の時は同じように思っていました。

新築の場合、建物の完成後、一斉に入居募集をするため、入居する時期がほとんど変わりません（よくあるのは3月の繁忙期前に完成させ、入居者の募集活動をするケースでしょう）。

そのため、2年後の更新期に複数の入居者の退去が重なることがあるのです。

私の1棟目の物件がまさにその状態になり

ました。2年経った更新時期に、6部屋中4部屋から退去の連絡が来てしまいました。その時の私の返済比率は60%近かったため、すぐに2部屋を埋めないと持ち出しが発生してしまう事態だったのです。結果的には早期に4部屋を埋めることができたので、問題なく経営を続けることができました。

それでも、早く入居してもらうため、家賃を10%程度低く設定したりしましたので、利回りは下がってしまいました。

このようなこともあることを想定して収支計画は考えてほしいと思います。

返済が滞ることが、不動産投資家にとって最も避けたいことですので、私はこの返済比率を最も重視しています。

競争力の低い物件であることが多い

不動産投資のポータルサイトを見ていますと、このエリアで利回り7%であれば、かなりよい物件なのではないかというような新築アパートが出てきます。

興味を持って詳細を確認しますと、部屋の広さが20㎡未満、駅から徒歩10分以上、バスルームではなくシャワールームなど、どちらかというと好まれない設備、競合と変わらない間取りの場合が多いようです。

確かに新築なので修繕等の費用については、しばらく発生しないと思います。しかし、肝心の入居付けができるのかという点で疑問が残ります。

部屋を借りる立場から考えると、20㎡未満の部屋は、駅にものすごく近いとか、圧倒的に家賃が安いなどの他のメリットがないと、なかなか選択しようとは思いません。

そのような状況にもかかわらず、駅から10分以上の安い土地に多くの部屋をつくり、さらに想定家賃を高めにすることで利回りを高く見せているケースが多いのです。

このような新築アパートは、数年が経過して新築ではなくなり、その他の物件と比較された時に何1つ売りがなく、入居付けができなくなることが想像できます。

第4章

キャッシュフローが残る新築アパートを建てる！土地の探し方と建築会社の見つけ方

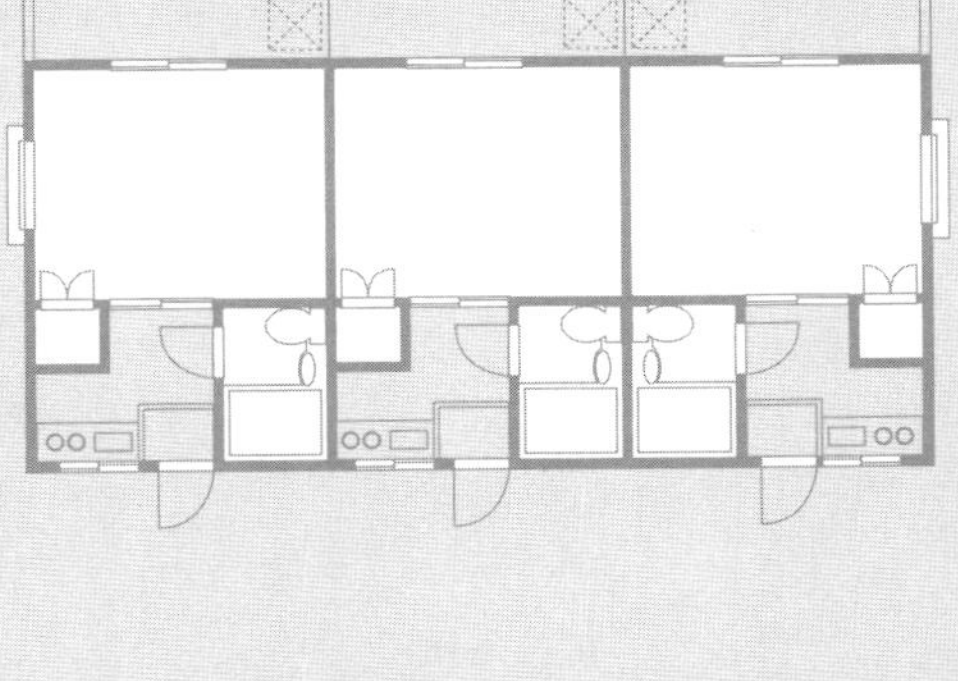

これまで、なぜ新築アパート投資がよいのか、なぜ、とくに初めての投資では、ほかの投資物件よりお勧めするのかを、メリット・デメリットを含めてお話ししてきました。

ここからは、儲けを出す新築アパートをどのようにつくっていけばいいのかについて、具体的にお伝えしていきたいと思います。


中古の賃貸不動産は、すでに入居者がいる物件を購入するため、契約をして引き渡しを受けた瞬間から家賃収入が入ってきます。

しかし、新築アパートは中古不動産とは異なり、物件を購入したら即家賃が入ってくるというものではありません。

土地の購入から建物を考え、建築してもらい、入居付けを行います。少なくとも半年ぐらいの期間がかかってしまいます。

もっと早く収入がほしいから中古不動産のほうがよいと考える方がいるかもしれませんが、中古不動産で同様のキャッシュフローが残る物件を探そうとすると、同じぐらいの期間か、もしくはそれ以上の期間を要するのではないかと思います。

他の投資家たちと同じ立場でネット上の情報を常に見続けながら中古不動産を探し続けるよりも、その時間を新築アパートの利回りをいかに上げるかを考える期間にあてたほうがはるかに生産的だと思います。

中古不動産の場合、自分の希望するエリア・価格・利回り・積算等々の基準を満たしているかどうかの判断によって、購入の可否が決まります。

自分の基準を満たすためには、売主と価格交渉を行うか、現状の空室を想定よりも高く貸して家賃収入を増やし、自分の目指す基準まで引き上げるかのどちらかしかありません。

価格交渉は、他の購入希望者がいると難しくなります。空室を高く貸すことについても、通常は想定家賃自体が高く設定されているケースが多く、それ以上に高く貸すというのはベテランでも難しいと思います。

新築アパートの場合、土地の購入は新築アパートをつくり上げるためのパートの１つであり、その前後にいくつものやるべきことがあります。**つくり上げるまで手間はかかりますが、その手間をかけるからこそ「稼げる新築アパート」にすることができる**のです。

また、**手間をかけることにより、不動産投資における様々なリスクを軽減してくれる**ということを知っておいてほしいと思います。

目標額を決めて投資額を確定する

まず初めに行うべきは、1つの新築アパートをつくることで、どのくらいのキャッシュフローがほしいのかを明確にすることです。それが明確になることにより、どのような物件を、いくらでつくれば達成できるかが、明らかになるからです。

目標額を決めないと、選ぶエリアや土地の広さなどが定まらないため、土地の紹介を受けようにもピンポイントの紹介を受けることが難しくなります。

次の例を見てください。

月20万円のキャッシュフロー（年間240万円）を、1つのアパートで得ることを目標とする場合、

240万÷3％＝8000万円

と、8000万円の物件で実現しなければなりません。

この式の3％というのは、第2章の「いま、新築アパートをお勧めする理由」でお伝え

■ ３%のキャッシュフローを実現するには

例えば、月20万円（年間240万円の） キャッシュフローを目標とする

240万円÷３%＝8,000万円

⬇

表面利回り９%を実現すれば可能

⬇

8,000万円×９%＝720万円

⬇

8,000万円の物件投資で、 720万円の家賃収入を実現すればよい

した、物件価格に対する望ましいキャッシュフローの率です。そして、このキャッシュフローを得るためには、利回り（表面）が9%なければなりません。

８０００万円の新築アパートを建て、利回り９%（年間家賃収入７２０万円）を実現することで、返済金額を差し引いて残る金額が約２４０万円となります。

つまり、２４０万円のキャッシュフローを実現するには、８０００万円分の投資をして、年間の家賃収入７２０万円の物件をつくる必要があるということです。

アパートの物件価格は、土地の価格と建築費用になります。建築費用は場所にあまり依存されず一定であるため、基本的には土地の価格によって物件価格が上下します。

■ 収益性・資産性それぞれのメリット・デメリット

	メリット	デメリット
収益性を優先	キャッシュフロー（ＣＦ）を最大化できる	資産性が相対的に低くなるため、将来の資産が目減りする
資産性を優先	土地の金額が相対的に高くなり、将来的に資産が目減りしない	キャッシュフロー（ＣＦ）が貯まりにくく、投資初期における資産拡大が遅くなる

そのため、利回りを上げたい場合は、土地の価格が低いエリア、あるいは理由があって安くなっている土地を選ぶことになります。

当然、その分、土地の資産性や賃貸需要が低くなる可能性があるため、自分が資産性を重視するのか、収益性を重視するのかを見極めながら土地を選ぶ必要があります。

また、土地を探していると、選んでいたエリアで適切な価格で適切な広さの土地がまったく見つからない場合もあります。

そのような時は、同じ土地の大きさでも価格が安くなるエリアに変えるか（駅からの距離を変える・あるいは最寄り駅を変えるなど）、目標のキャッシュフロー金額を下げるなど、自分が変えられる条件を考えながら探します。

稼ぐ新築アパートをつくるまでの道筋（流れ）

69ページに、新築アパートを建てるまでの道筋を図にしました。

この図では行うことが順番に流れるように書かれていますが、実際は複数の作業が重なって動いていきます。

土地を探す作業では、建物が建てられるのか、融資が受けられるのかが決まらなければ、土地の購入ができません。

そのため、候補となり得る土地が見つかった際は、建築士や建築会社に部屋の戸数や広さがどのくらいの建物が建てられるのかを尋ね、建築費用がいくらになるかを確認していきます。

建築会社から建築費用の概算をもらい次第、土地と建物ならびに付帯費用を合算した金額を計算し、金融機関に融資の依頼を行います。

土地の売買契約は融資確定の前に行う場合もありますが、融資確定後に金融機関と金銭消費貸借契約をかわし、建築会社と建築工事請負契約を締結します。

建物を建て始めたら、すぐに入居付けのための管理会社の選定や募集活動を行う流れになります。

それぞれの詳細な作業については、次項から説明していきます。初めてアパートを建てる方は、どのような作業が流れとしてあるのかをまず理解してください。

1 建てるエリアと想定賃料を決める

新築では物件のエリア・広さを選べる！

中古アパート物件では、出てきた物件の立地が決まっていますので、その良し悪しを判断すればよいのですが、新築アパートは、まず自分の物件の立地を決めることから始まります。

■稼ぐ新築アパートをつくるまでのロードマップ

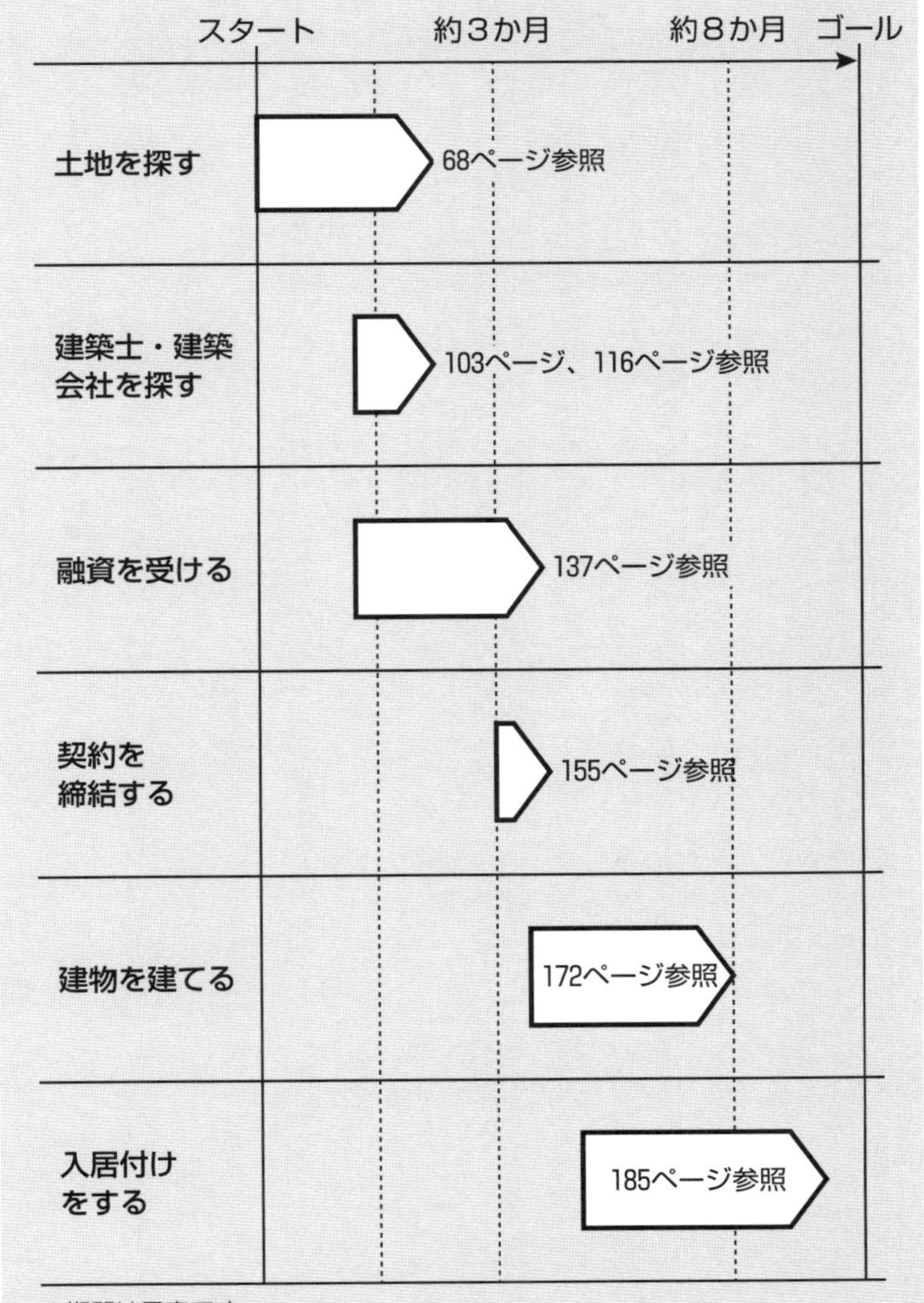

※期間は目安です。

中古物件を探している方は、価格・利回り・積算評価・物件状態・空室率などを勘案して購入するかどうかを判断すると思います。

そのため、立地についてはあまり気にしないか、ある程度の妥協が入ることが多いと思います。

なぜ中古物件を探しているほうが立地について妥協が入るかといいますと、中古のアパート物件は土地に比べて数が圧倒的に少ないためです。

さらに、自分の基準に合う中古物件となるとさらに少なくなってしまいます。そのため、目の前に自分の投資基準に合った物件があれば、立地を気にしていては購入できなくなってしまいます。

一方、新築は立地に妥協しなくてよく、むしろ立地にこだわり、賃貸経営を始めてからいかに賃料が下落しない土地を選べるかが重要といっても過言ではありません。

なぜ、中古物件では選べなかった立地が、新築では選ぶことができるのでしょうか。

それは、中古物件はアパート・マンション等の出物に限られますが、土地であれば戸建・

アパート・駐車場といった、現在は土地として売られているわけではない場合も、アパート用の土地として考えることができるからです。そのため、中古物件よりも数が圧倒的に多いのです。

さらに新築では、立地に加え、土地の広さも選ぶことができます。**土地の広さを選べることで、その場所に建てるアパートの部屋数を決めることができ、土地の値段と建築費用、そして賃料収入と、その物件全体の金額をコントロールすることができます。**

「１００㎡の広さの土地だと、部屋数が４部屋しか入らないから１４０㎡の広さで６部屋入る土地を探そう。それなら予算はいくらに収まるだろう」といった具合に、自分自身で物件のコントロールが可能なのです。

立地を決める際のポイントは、収益性を重視するのであれば、土地の価格が安い割には高く貸せているエリアを見つけることです。

収益性よりも資産性を求めるのであれば、土地／建物の比率において土地が高くなるエリアを見つけることになります。

■土地／建物比率による資産価値の推移

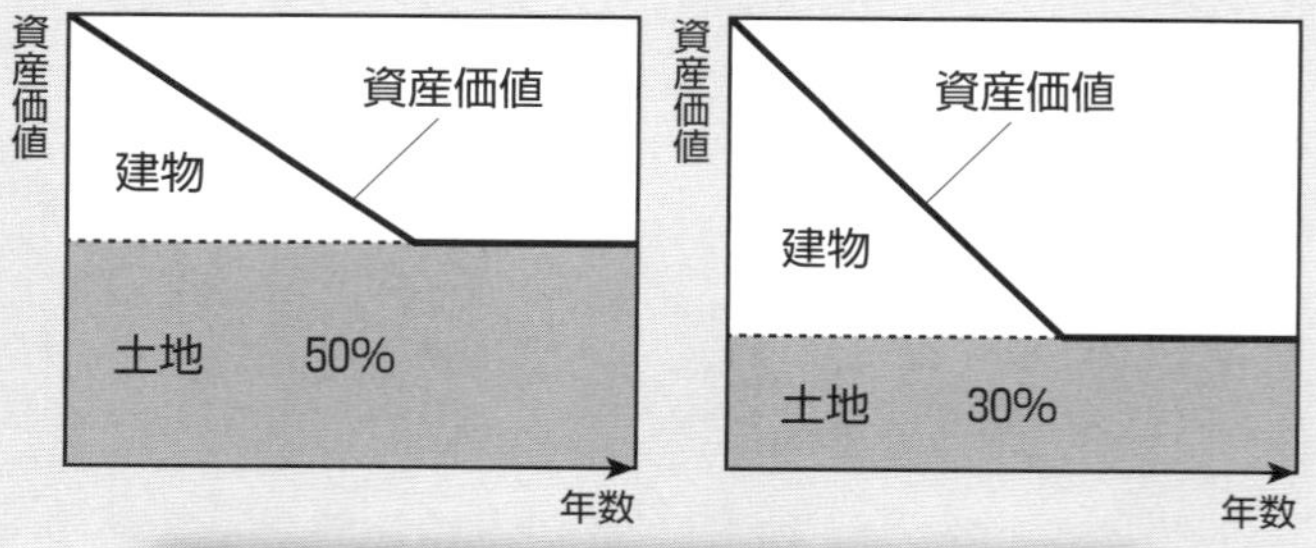

全体の金額を100%として、土地の値段の割合が50%の場合、建物の減価償却により償却が終わった場合でも、全体の50%が価値として残る
土地の値段の割合が30%だと、建物の減価償却によって償却が終わった段階では、全体の30%しか残らない

全体の物件価格を１００％として、土地の値段の割合が50％の場合、建物の減価償却により償却が終わり、建物価格がなくなったとしても、全体の50％が価値として残ります。

土地の値段の割合が30％だと、建物の減価償却によって償却が終わった段階では、全体の30％しか残りません。

ここで伝えたいことは、減価償却後の価値が30％だとダメだということではありません。

これから投資を始めようとする方は、１棟あたりでキャッシュフローの目標金額を決め、全体の投資金額が定まった中で目標の利回りを実現するために、部屋数を増やして家賃収入を増やすこと、すなわち土地の値段が安く、全体の投資金額のうち建物の比率を増

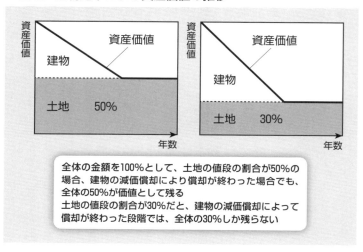

やすことで収益性を上げていくことを第一に考えていくのがよいと思います。

大まかに自分が建てたいエリアを決める

アパートを建てたいエリアを決めるうえで、唯一の正解はありません。

これから日本は東京などの大都市への一極集中が進むため、エリアは東京などの大都市だろうと思うかもしれません。しかしそのようなことはないのです。

なぜならば、建てるアパートの規模・部屋の間取り・駅からの距離・収益追求・資産性（人気のあるエリア）・自分が管理できる距離・競合の多さ・需要と供給のバランス等、このような条件がある中で何を重視するのかにより、購入する人にとっての正解が異なってくるからです。

これから土地を探すのであれば、以下の３つの基準を参考にして大まかなエリアを決め、以降で述べる作業を行ってみるとよいと思います。うまく該当するエリアが見つからない時は、再度、条件やエリアを見直してみてください。

■「国立社会保障・人口問題研究所」のサイト

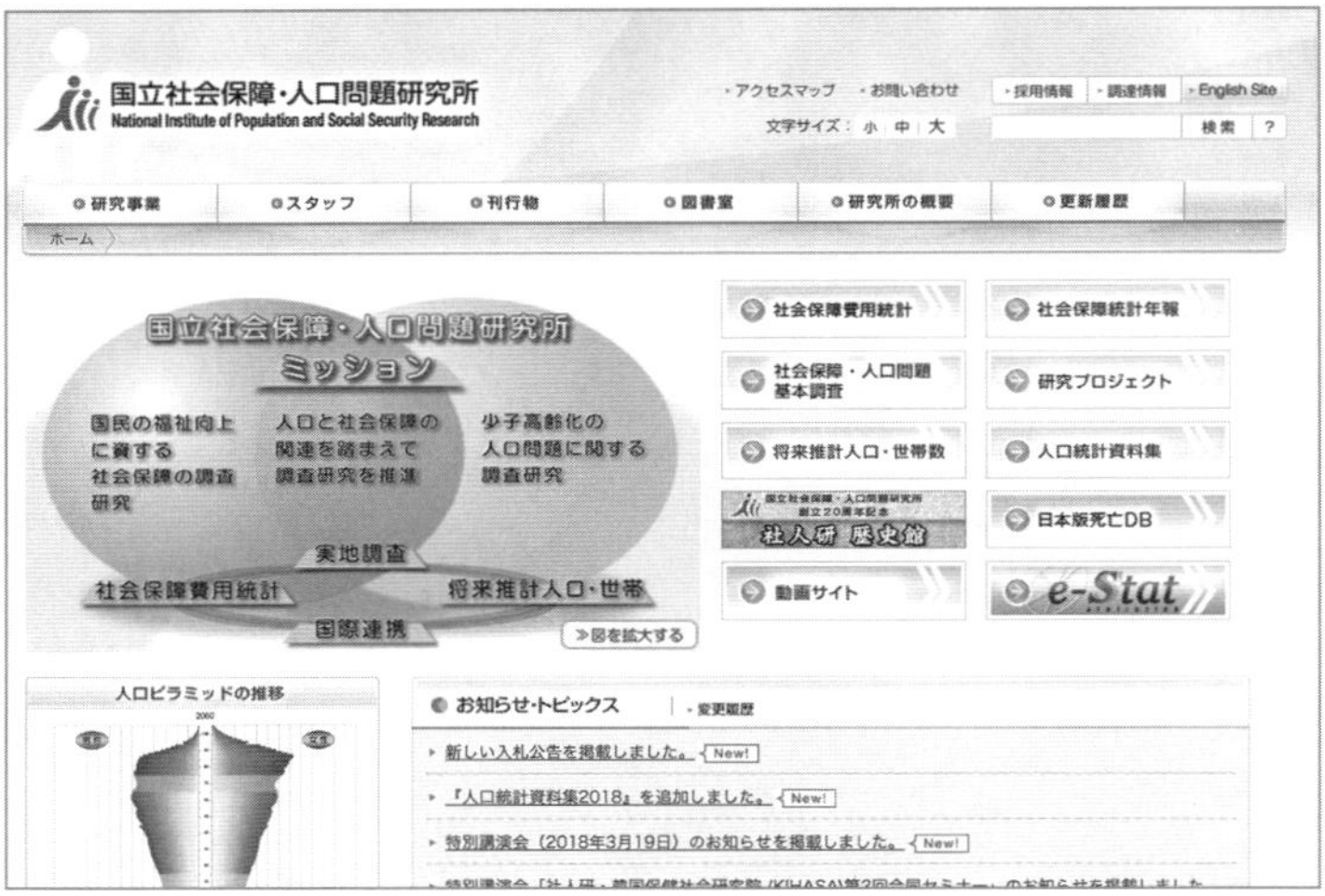

まず、**自分の通勤圏内や以前住んだことがあるなど、土地勘のあるエリア**で探します。

毎日通勤していて、どのような層の人がどの駅で降りているのか、駅周辺はどのような街なのかが何となくわかると思います。

大学が近くにあり、毎朝多くの学生が降りていく駅や、一見地味な駅なのに独身の社会人が多く降りる駅など、色々と気づくことができ、そこで気づいたことをターゲット層に向けてアパートを企画することができるからです。

2つ目に探したいのは、**人口増加が見込まれるエリア**です。

国立社会保障・人口問題研究所の調査で、

市ごとの人口動向が発表されています（「日本の地域別将来推計人口　平成25年3月推計」）。

こうしたデータを参考にエリアを選ぶことで、今後5年、10年の需要が高いと思われるエリアでアパートを持つことができます。

人口増加が見込まれるということは、人気があるエリアだといえます。そのようなエリアを選ぶことで、アパート所有後の入居者募集を容易に行っていくことができるのです。

※国立社会保障・人口問題研究所（http://www.ipss.go.jp/pp-shicyoson/j/shicyoson13/t-page.asp）

３つ目は、**人気がある駅の「周辺の駅」**です。

部屋を探そうとする時、たいていの方はまず住みたい沿線の人気のある駅を検索すると思います。

そして、自分の希望とする駅からの距離や部屋の広さなどの条件で賃料を検討し、徐々に希望を下げて条件のすり合わせをしていきます。

そして、自分の希望に条件が近い物件を1つないし2つ選び、仲介会社に問い合わせを行い、仲介会社の案内で部屋を内覧して決めていきます。

土地を購入する際、できることなら人気のある駅の近くにしたいものです。しかし、人気のある駅はたいてい土地の価格が高く、希望する収益を生み出すのが難しくなります。一方で、人気駅の周辺の駅は、土地の価格が人気駅と比べてそれほど高くないことも多いのです。

土地の価格が安くなっても、貸し出す部屋の賃料が低くなってしまっては、結局一緒ではないかと思われるかもしれませんが、感覚的には、賃料の差が5000〜7000円ぐらいなのに対して、土地の値段は2000万ほども違う場合もあります（首都圏での例。地域によって違います）。

人気のある駅の家賃は高くなるため、その家賃では自分の給料とのバランスが取れない方々がいます。そのような方々は、バランスが取れる賃料で住める場所を求め、人気のある駅から周辺の駅へと探す範囲を広げていきます。

このように、部屋を借りたい方が、どのような考え方で探すのかをイメージしながらエリアを探すとよいでしょう。

私の場合、横浜市と川崎市にそれぞれアパートを建てました。なぜかといいますと、私が住んでいる所が神奈川県で、エリアのイメージがあったためです。

私が住む相模原市は、土地の値段が高い割には築年数の経過に対する賃料の値下りが急です。下落を踏まえた賃料で計算するとバランスがよくないケースが多くありました。

そのため、神奈川県で人口の集まる横浜市と川崎市で購入することに決めました。

横浜市のアパートは、横浜駅から電車で15分程度の駅で、同じ15分圏内でも土地の価格が割安な場所にありました。先の土地探し基準でいうと、３つ目の人気がある駅の周辺に該当します。

川崎市のアパートは、基準の２つ目と３つ目に該当します。川崎市は、今後人口増加が見込まれています。

ＪＲ南武線の武蔵小杉駅と川崎駅の間の駅で、本当はそれぞれの駅を選びたかったけれど、賃料と条件のバランスが合わなかった方が住むと想定できた場所です。

自分の住んでいるエリアや通勤エリアなど、それぞれの観点から大まかなエリアをまずは仮決めして検討してください。

想定する部屋の条件を仮決めする

エリアが決まったら、そのエリアでどのような部屋をつくるのかを決めていきます。
ある程度の収益性を求めるためには、部屋はファミリー向けよりも単身者向けにしたほうがよいです。

なぜなら、20㎡の単身者向けの部屋が7万円で賃貸されていた場合、2倍の広さの40㎡の部屋が14万円で貸せるかというと、そのようなケースは少ないためです。

理論的には部屋を小さくすればするほど、㎡単位の賃料は上がるため、都内などでは11㎡くらいの部屋が多く建てられているケースもあります。

このような部屋は、都内で働き、家はただ寝るためだけに帰る生活をする方の需要を捉えているからだと思います。

都内から少し離れてしまうと、そのような需要はなくなり、あまり小さな部屋は不人気になってしまいます。そうすると、家賃を安くしなければならなかったり、まったく需要がないため空室が埋まらず、収益性が損なわれてしまうことになりかねません。

■ライフルホームズの「見える！ 賃貸経営」のサイト

選んだエリアに、どのような方が住んでくれるのかをイメージしながら、部屋の間取りや広さ、エリアの賃貸状況を調べ、その中で収益が出る物件をつくることができればよいと思います。

生活する方のイメージがなかなか持てないという方は、例えばライフルホームズのサイト「見える！ 賃貸経営」（http://toushi.homes.co.jp/owner/）のデータを用いて大まかなイメージを捉えることができます。

このサイトは、ライフルホームズを使って部屋探しをしている方が、検索条件で入れた内容とライフルホームズに掲載されている部屋の内容を比較し、その差をパーセンテージで表しているものです。
各地域ごとに、

◎賃貸入居者の希望家賃
◎賃貸入居者の希望する住戸の広さ
◎賃貸入居者の希望築年数
◎賃貸入居者の希望する駅徒歩
◎エリアの家賃相場

などが棒グラフで示され、
・各家賃帯で住みたいと思っている方が、どのくらいいるのか？
・掲載物件の家賃価格帯は、どの価格帯が多いか？
・希望家賃と掲載物件との需給バランスは？
など、様々なことがわかります（81ページ図参照）。

例えば、**「賃貸入居者の希望家賃」**というデータでは、この例のケースだと、検索した方の約50％が、５万～８万円の家賃を望んでいます。そのあたりの家賃価格帯にすることが、ボリュームゾーンだとわかります。

■賃貸入居者の希望家賃

賃貸入居者の希望家賃

中野区 で賃貸物件を探すユーザーの家賃ニーズとLIFULL HOME'Sに掲載されている物件をグラフ化し比較して表示しています。

家賃	検索回数	LIFULL HOME'S掲載物件
～3万円	0.7%	0.9%
3万円～	1.2%	0.8%
4万円～	5.3%	5.4%
5万円～	10.6%	11.7%
6万円～	17.0%	16.2%
7万円～	14.7%	15.7%
8万円～	11.8%	11.2%
9万円～	9.4%	7.5%
10万円～	6.1%	6.0%
11万円～	5.1%	5.2%

■賃貸入居者の希望する住戸の広さ

賃貸入居者の希望する住戸の広さ

中野区 の専有面積に関してユーザーの検索回数とLIFULL HOME'Sに掲載されている物件を比較して、需要と供給のバランスを確認できます。

専有面積	検索回数	LIFULL HOME'S掲載物件
～10㎡	2.2%	2.1%
10㎡～	10.5%	10.2%
15㎡～	15.5%	19.0%
20㎡～	19.3%	21.5%
25㎡～	15.0%	13.1%
30㎡～	8.3%	7.3%
35㎡～	6.1%	6.0%
40㎡～	12.9%	12.1%
50㎡～	5.2%	4.5%
60㎡～	2.5%	2.4%

■賃貸入居者の希望築年数

賃貸入居者の希望築年数

中野区 の築年数に関してユーザーの検索回数とLIFULL HOME'Sに掲載されている物件を比較して、需要と供給のバランスを確認できます。

築年数	検索回数	LIFULL HOME'S掲載物件
新築	10.9%	8.3%
～3年	9.5%	13.9%
～5年	6.2%	5.7%
～10年	12.5%	9.2%
～15年	11.9%	14.9%
～20年	6.9%	6.1%
～25年	7.2%	6.1%
～30年	11.2%	13.3%
31年以上	23.6%	22.5%

出典：不動産情報サイト『LIFULL HOME'S』調べ。

それに対して掲載物件は、6万円台、7万円台の物件が多く供給されています。新築から築古まで様々な部屋がありますが、6万〜7万円台は競合が多いということもわかります。

「賃貸入居者の希望する住戸の広さ」では、

・賃貸入居者の希望が多い広さは？
・掲載物件の部屋の広さの分布は？
・希望する広さと掲載物件とのバランスは？

などがわかります。

このケースでは、20㎡未満の掲載物件が全体の30％あるのに対して、希望している方の割合が25％ぐらいとなっており、やや供給過剰になっています。

また、25㎡以上の部屋を希望する方が供給を上回っており、コスト感が合うなら25㎡以上の部屋をつくったほうが、長期的に安定した経営ができる可能性が高いことがわかります。

「賃貸入居者の希望築年数」では、

・賃貸入居者が希望する築年数

・掲載物件の築年数の分布
・希望する築年数と掲載物件とのバランス
などがわかります。

築10年以内における希望する築年数と掲載物件とのバランスを見ると、掲載物件よりも築10年以内を希望する方の割合のほうが高くなります。

このことから、新築物件の供給が少ない（もしくは希望する人の数に比べて少ない）地域ということが推測できます。


他にも、**「賃貸入居者の希望する駅徒歩」**では、
・賃貸入居者が希望する駅徒歩時間
・掲載物件の駅徒歩時間の分布
・希望する駅徒歩時間と掲載物件とのバランス
などがわかります。

多くの地域で希望する駅徒歩時間の80％くらいが10分以内です。それに対して10分以上の掲載物件が全体の3分の1もあったりします。

駅から徒歩10分以上の土地を購入してしまうと、この3分の1の掲載物件と20％の希望

者を取り合うことになるため、厳しい賃貸経営になることが想像できます。

これらの指標は、それぞれの項目でしか見ていないため、もしかすると新築であれば駅からの距離は遠くてもよいとか、家賃が安いのであれば広さは20㎡を切っていてもいいと考える方がいるかもしれません。

このような2つの指標を合わせたクロス分析まではできませんが、少なからずそれぞれの項目でマイナスにならないような新築アパートをつくることが、賃貸経営上のリスクヘッジになると考えます。

私の場合、間取りは20㎡以上の1Kとしています。

理由は、部屋を探している単身者がポータルサイトで探す際に、20㎡以上を1つの基準として入力しているのが、先ほどの例で示した通りわかるからです。

また、1Kにしているのは、同じ㎡数であればワンルームより1Kのほうが高い賃料で貸せているためです。

このように考えながら、入居者の希望に沿いつつ、収益性を高めるエリアで土地を探していくようにします。

選んだエリア沿線の家賃相場を確認する

沿線別の家賃相場を見ますと、ターミナル駅や急行が停車する駅などは人気があり、家賃は同一条件の部屋の中では高くなります。

想定する部屋の条件と同一条件（駅距離、㎡数、設備等）で、駅ごとの家賃を見てみます。このとき、**新築だけではなく、築10年ぐらいまでの賃料を傾向として見る**ようにします。

新築アパートは、一般的に築10年ぐらいまでが家賃の下落が著しいといわれています（57ページ図参照）。そのため、各駅で築年数ごとにどのくらい家賃が下落するのかを確認するためです。

新築時の家賃は同一なのに、10年後の家賃に大きな開きが出ているケースもあります。下落が想定される駅では、下落を踏まえた投資計画をしたうえで考えていけばよいと思います。

■ SUUMOの沿線家賃相場

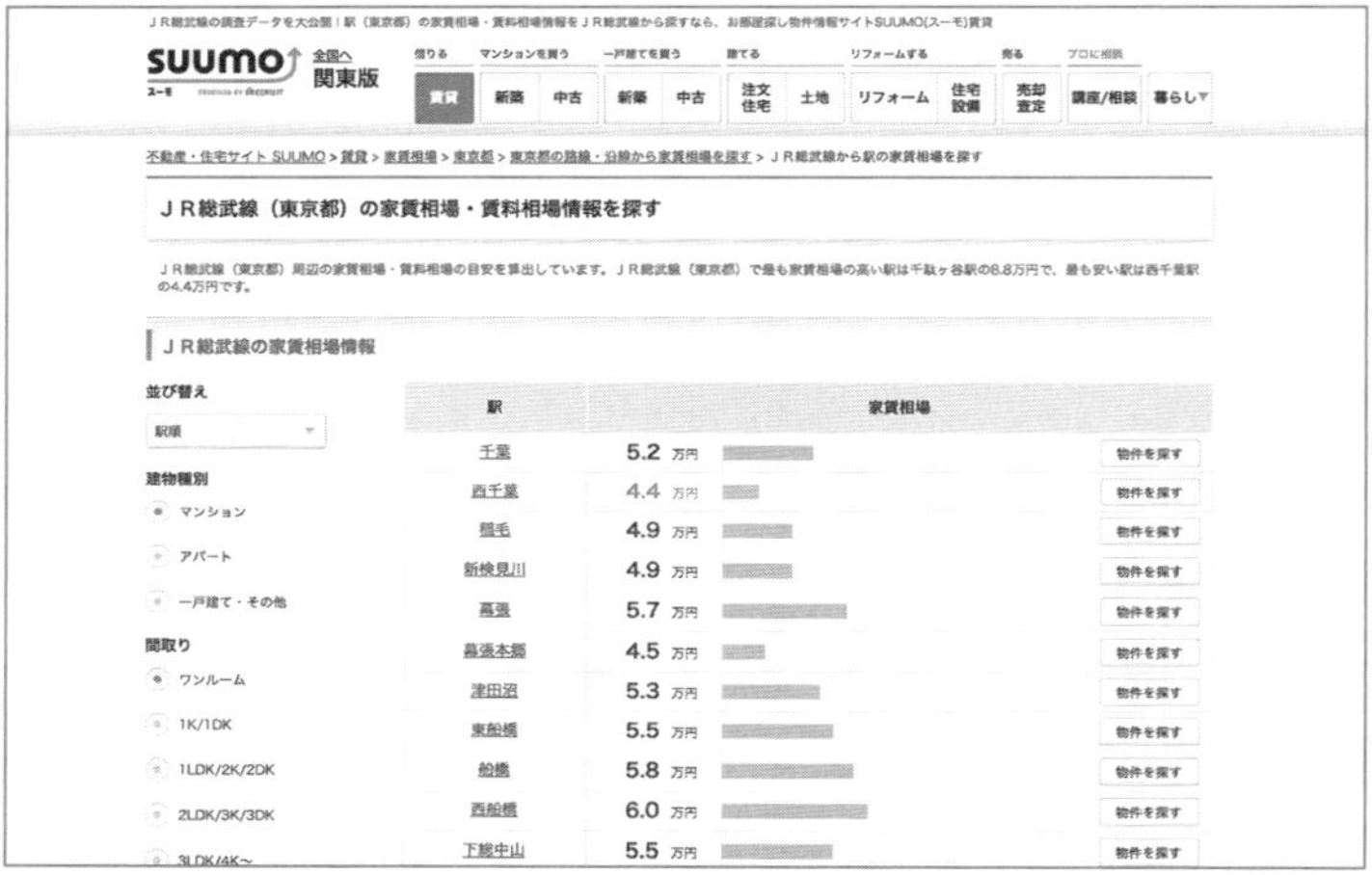

ＪＲ総武線の調査データを大公開！駅（東京都）の家賃相場・賃料相場情報をＪＲ総武線から探すなら、お部屋探し物件情報サイトSUUMO(スーモ)賃貸
SUUMO
全国へ
関東版
借りる
マンションを買う
一戸建てを買う
建てる
リフォームする
売る
プロに相談
賃貸
新築
中古
新築
中古
注文住宅
土地
リフォーム
住宅設備
売却査定
講座/相談
暮らし
不動産・住宅サイト SUUMO > 賃貸 > 家賃相場 > 東京都 > 東京都の路線・沿線から家賃相場を探す > ＪＲ総武線から駅の家賃相場を探す
ＪＲ総武線（東京都）の家賃相場・賃料相場情報を探す
ＪＲ総武線（東京都）周辺の家賃相場・賃料相場の目安を算出しています。ＪＲ総武線（東京都）で最も家賃相場の高い駅は千駄ヶ谷駅の8.8万円で、最も安い駅は西千葉駅の4.4万円です。
ＪＲ総武線の家賃相場情報
並び替え
駅順
建物種別
マンション
アパート
一戸建て・その他
間取り
ワンルーム
1K/1DK
1LDK/2K/2DK
2LDK/3K/3DK
3LDK/4K～
駅
家賃相場
千葉 5.2 万円 物件を探す
西千葉 4.4 万円 物件を探す
稲毛 4.9 万円 物件を探す
新検見川 4.9 万円 物件を探す
幕張 5.7 万円 物件を探す
幕張本郷 4.5 万円 物件を探す
津田沼 5.3 万円 物件を探す
東船橋 5.5 万円 物件を探す
船橋 5.8 万円 物件を探す
西船橋 6.0 万円 物件を探す
下総中山 5.5 万円 物件を探す

出典：2018年３月30日時点のSUUMOの家賃相場データ。

また、同一条件の物件がないケースもありますので、築年数が近い部屋や駅からの距離が同じくらいの部屋など、部分的に見ながら、条件の違いによって家賃を加減して、想定家賃を決めていきます。

こうしたデータは、ＳＵＵＭＯやライフルホームズなど、様々な賃貸物件サイトでも同様に家賃の傾向を見るようにします。

なぜなら、ＳＵＵＭＯとライフルホームズ等でそれぞれのサイトにしか掲載していない部屋があります。そのため、比較対象となる他の部屋の情報を増やしたうえで家賃を判断するためです。

駅の乗降者数の傾向を確認する

１つの目安として、Wekipediaなどでその駅の乗降者数の傾向を見ることで、その駅を利用する人＝駅周辺に住む人が増えているのか減っているのかがわかります。

それにより、賃貸需要が増加傾向にあるのか減少傾向にあるのかをマクロ的に確認することができます。

ターミナル駅ではなく、自分自身はいままで聞いたことのない駅だとしても、利用状況を見ると増加傾向で、家賃が比較的高く貸せている割に土地の値段がまだまだお買い得な場合もあります。

調べた駅の周辺で大規模な分譲マンションの開発があった際など、必然的に乗降者数は増加するため、乗降者数が変わるのは駅の人気や需要だけではないことを理解したうえで見ていきます。

つまり、あくまで全体の傾向としてどうかという視点や駅の人気がある程度わかるというものです。

家賃相場とWekipediaの乗降者数をもとに、候補となる駅を決めたら、土地探しを行います。

■駅の乗降者数の推移

利用状況 [編集]

2016年度の1日平均乗車人員は**14,344人**だった。

近年の推移は下表の通り。

年度別1日平均乗車人員[3][4]

年度	1日平均 乗車人員	出典
1995年（平成 7年）	14,333	[* 1]
1996年（平成 8年）	14,068	
1997年（平成 9年）	13,648	
1998年（平成10年）	13,302	[* 2]
1999年（平成11年）	13,090	[* 3]
2000年（平成12年）	[JR 1]13,046	[* 3]
2001年（平成13年）	[JR 2]13,156	[* 4]
2002年（平成14年）	[JR 3]13,241	[* 5]
2003年（平成15年）	[JR 4]13,555	[* 6]
2004年（平成16年）	[JR 5]13,748	[* 7]
2005年（平成17年）	[JR 6]13,918	[* 8]
2006年（平成18年）	[JR 7]14,154	[* 9]
2007年（平成19年）	[JR 8]14,360	[* 10]
2008年（平成20年）	[JR 9]14,303	[* 11]
2009年（平成21年）	[JR 10]14,118	[* 12]
2010年（平成22年）	[JR 11]14,136	[* 13]
2011年（平成23年）	[JR 12]14,103	[* 14]
2012年（平成24年）	[JR 13]14,140	[* 15]
2013年（平成25年）	[JR 14]14,477	[* 16]
2014年（平成26年）	[JR 15]14,540	[* 17]
2015年（平成27年）	[JR 16]14,509	[* 18]
2016年（平成28年）	[JR 17]14,344	

出典：Wikipediaより。

２ 土地の価格と広さを決める

１部屋あたりにかけられる土地の価格を計算する

土地探しを始めるにあたり、いかに効率よくアパートの建築地候補となる土地を見つけられるかが重要になります。

効率的に土地を判断できるようになるために、事前に90ページ図の計算式で１部屋あたりにかけられる土地の価格を計算しておきます。

これは、利回り９％を確保するために、１部屋あたりの土地にどのくらいの金額をかけられるかを計算する式です。計算例では、４３３万円となっています。

１部屋あたりにかけられる土地の価格がわかることで、土地にいくつ部屋数が入るかを計算して、土地価格をその部屋数で割ることによって、この金額（例では４３３万円）よ

■「１部屋あたりにかけられる土地の金額」の計算方法

（新築条件と似ている部屋の家賃×12か月）÷ 利回り９％ －建築費用400万〜550万円

＝１部屋あたりにかけられる土地の金額

〈例〉
新築条件と似ている部屋の家賃：７万円／月
１部屋あたりの建築費用：500万円
84万円（７万円×12か月）÷９％－500万円＝約433万円

利回りで割りもどして、
１部屋あたりにかけられる
投資額を計算

家賃7万円／月
年間84万円
÷９％＝約933万円

933万円－500万円＝約433万円

１部屋あたりの
建築費を引くことで、
土地の価格が出る

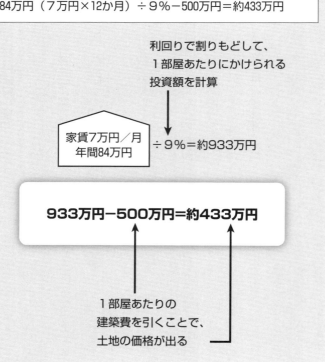

り高いか安いかで候補の土地になり得るのかが判断できます。

単純に土地の価格だけを見て誤った判断をすることや、お買い得な土地を見逃すことを避けることができます。

駅ごとに条件を入れて「土地」を検索する

候補となる駅をいくつかピックアップできたら、アットホーム、ＳＵＵＭＯ、ライフルホームズ、不動産ジャパンといった不動産会社のサイトを使って、土地を検索します。

複数のサイトを見るのは、片方のサイトに掲載されているけれど、もう一方のサイトには掲載されていないケースがあるからです。

どうしてこのようなことが起きるかといいますと、売主が仲介会社と「専属専任媒介契約」や「専任媒介契約」を結んだ場合、５日ないし７日以内に不動産仲介ネットワーク（レインズ）に登録しなければなりません。レインズというのは、不動産流通機構が運営している不動産関連のネットワークシステムです。

レインズに登録するということは、公に情報が知れ渡ります。その情報を見て、他の仲介会社が買主を見つけてきてしまうと、自らの仲介手数料が半額になってしまいます。

仲介会社は、手数料が減ってしまうのを避けるために、レインズへの登録が必須ではない「一般媒介契約」で売主と契約を行い、レインズには登録せず、アットホームやSUUMOなどの不動産会社に登録することで、売主・買主それぞれから仲介手数料を受け取れるようにしている会社もあります。

その結果、あるサイトにしか情報が掲載されていないケースが出てくるのです。

■ポイントは建ぺい率と容積率

検索結果の土地を見るポイントとしては、まず価格の高い安いだけで判断しないことが大切です。

土地の価値は、立地とそこに建てることができる物件の「容積率」で変わってきます。

同じ駅・同じ駅からの距離で、同じ面積の土地があったとします。

Aという土地は価格が4500万円で建ぺい率／容積率が、60%／200%だとします。

Bという土地は3000万円で建ぺい率／容積率が、50%／100%だとします。

価格だけで見ると土地Aは土地Bの１・５倍ですが、建築可能な容積は、土地Aのほうが2倍もあります。

ここで、建ぺい率と容積率について簡単に説明しておきます（94ページ図参照）。

「建ぺい率」というのは、敷地の面積に対して建物を建てられる「建築面積」の割合です。建築面積は、建物を真上から見た時の面積で表します。この建築面積が、敷地面積に対してどのくらいの割合まで建てられるのかを示しているのが建ぺい率です。

例えば、先の土地Aのように建ぺい率が60％であれば、土地の面積が１００㎡であれば60㎡までの建築面積の建物を建てられることになります。

一方、**「容積率」**とは、敷地面積に対する「延床面積」の割合です。例えば土地Aは容積率が２００％なので、敷地面積が１００㎡ならば建物の総床面積が２００㎡まで建てることができることになります。具体的には、１階が60㎡、２階が60㎡、さらに3階が60㎡まで、計１８０㎡の床面積の建物の建築が可能になります。

この建ぺい率と容積率はセットになっています。

■建ぺい率と容積率

建ぺい率は、敷地に建てられる面積

建ぺい率60%であれば……

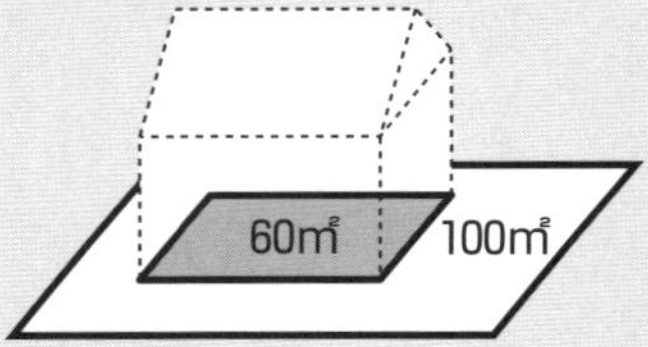

100㎡×60%＝60㎡

100㎡の土地に
60㎡までの床面積の
建物を建てられる

容積率は、敷地面積に対する延床面積

容積率200%であれば……

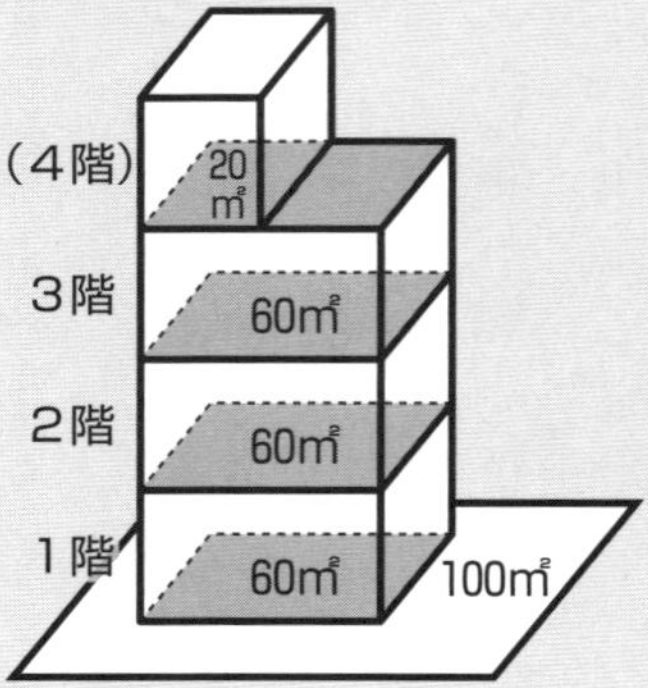

100㎡×200%＝200㎡

100㎡の土地に
200㎡までの延床面積の
建物を建てられる

1階60㎡＋2階60㎡＋3階60㎡＋4階20㎡＝200㎡
まで建築が可能

■土地に対してどのくらいの部屋数の建物ができるか

土地Ａ：100㎡　建ぺい率／容積率：60％／200％
100㎡×60％＝60㎡………１フロアの最大面積
100㎡×200％＝200㎡………建物全体の最大床面積
200㎡÷60㎡＝3.33………３階建てまでが十分可能

※１フロアあたりの㎡数を50㎡にすると理論上４階建も可能だが、現実的には斜線制限等の規制で建てられないケースが多いので、３階建てで考える。

１フロア60㎡÷１部屋20㎡＝３部屋……１フロアあたりの部屋数
３部屋×３階建＝９部屋…………………土地に建築可能な部屋数

立地や容積率、建ぺい率以外にも、道路付け・用途地域・斜線制限・県や市の条例によって、建築可能な建物が変わってきます。また、売主さんの緊急度（すぐに売りたい事情がある等）など、土地の価格には色々な要因が関わってきます。

すべてを考慮して判断するには時間がかかりすぎますので、まずは概算として**土地の面積に対して、建ぺい率と容積率から考えて何部屋ぐらいの建物をつくることができるのか自分なりに計算できるようにしておきます。**

上に、土地に対する「建築可能な部屋数」の計算例を示します。

簡易的な計算のため、実際は様々な規制や条例などで想定通りの部屋数が入らないことも多くありますが、同じエリアで探すことで、その地域の条例も徐々に認識できますので、どのような形の土地はどういう規制に気をつければよいのかがわかってきます。

例えば東京都豊島区の場合、3階建て以上で15戸以上の集合住宅については、1部屋の広さを25㎡以上にしなければならず、かつ30㎡未満の住戸が9戸以上の集合住宅について、建築に着手した時に1戸あたり50万円を課税する規定があります。

一方、隣の練馬区では、30㎡未満の住戸が20戸以上ある集合住宅については、1部屋あたりの広さを25㎡以上にしなければなりません。

20部屋未満のアパートを建てるのであれば、練馬区のほうが条例の制限を受けずにすみます。

このように都内の区ごとにワンルームの部屋に対する条例の制限などがあります。各地域の条例を踏まえながら、部屋数の計算やエリアを絞っていきます。

■1部屋あたりの土地価格を見る

土地を選ぶ際によくあることが、価格感が安いと思ったら「第一種低層住居専用地域」で建ぺい率が50%／100%しかなく、部屋の数を増やすことができないというケースです。建ぺい率50％ですと敷地面積の半分しか建物を建てることができません。容積率でも敷地面積分にしかなりません。

ただし、そのような土地はアパート建売業者や投資家があまり見ていないので、安く売り出されていて、また十分な建物が建てられるよう、敷地面積を広く取っているケースが多く、建築費用の安い２階建てで収支が合うこともあります。

このような場合は、１部屋あたりの土地価格を見ることをお勧めします。

例えば、次のような土地ＡとＢがあったとします。

・土地Ａ……１００㎡　建ぺい率／容積率＝50％／１００％　価格３０００万円
・土地Ｂ……１００㎡　建ぺい率／容積率＝60％／２００％　価格４５００万円

Ａの土地は、20㎡の部屋が１フロアに２部屋入ります。容積率が１００％なので２階建てになり、合計４部屋の物件を建てることができます。

この時の１部屋あたりの土地価格は、３０００万円÷４部屋＝７５０万円となります。

Ｂの土地は、20㎡の部屋が１フロアに３部屋入ります。容積率が２００％なので３階建てが可能となり、合計9部屋のアパートを建てることができます（99ページ図参照）。この時の1部屋あたりの土地価格は、4500万円÷9部屋＝500万円となります。したがって、土地Bのほうが土地の効率がいいことになります（建築価格等は考慮していません）。部屋あたりの金額で見直すことが大事なのです。

よくアパート建築をする際の評価に、**「一種単価」**と呼ばれる、その土地に容積率いっぱいに建物を建てた際の坪当たりの土地価格で比較する方法があります。ですが、この評価方法を私はお勧めいたしません。

なぜかといいますと、先ほどの計算例でもそうでしたが、200％の容積率のところ、180％しか使用していないケースや、接道の幅員によって200％の容積率が160％になったりするケースがあるからです。

商業地域や近隣商業は容積率が高く、その分、土地の価格が高くなっていることが多くあります。容積が取れて部屋数が増やせるのだから、その分土地の価値も高くなります。

しかし、収益性を加味した新築アパートを建築するためには、通常2～3階建て（まれに4階建て）になり、500％の容積があったとしても、最大限に活用することはできません。一種単価の計算で、そのような点を考慮せずに比較してしまうと誤った判断をする

■異なる建ぺい率／容積率における比較の仕方

土地Ａ…100㎡

建ぺい率／容積率＝50%／ 100%　価格3,000万円

土地Ｂ…100㎡

建ぺい率／容積率＝60%／ 200%　価格4,500万円

Ａの土地は、20㎡の部屋が１フロアに２部屋入る。容積率が100%なので２階建てになり、合計４部屋のアパートを建てることができる。１部屋あたりの土地価格＝3,000万円÷４部屋＝750万円

Ｂの土地は、20㎡の部屋が１フロアに３部屋入る。容積率が200%なので３階建てが可能となり、合計９部屋のアパートを建てることができる。

１部屋あたりの土地価格＝4,500万円÷９部屋＝500万円

土地Ａ…20㎡の部屋×４　　土地Ｂ…20㎡の部屋×９

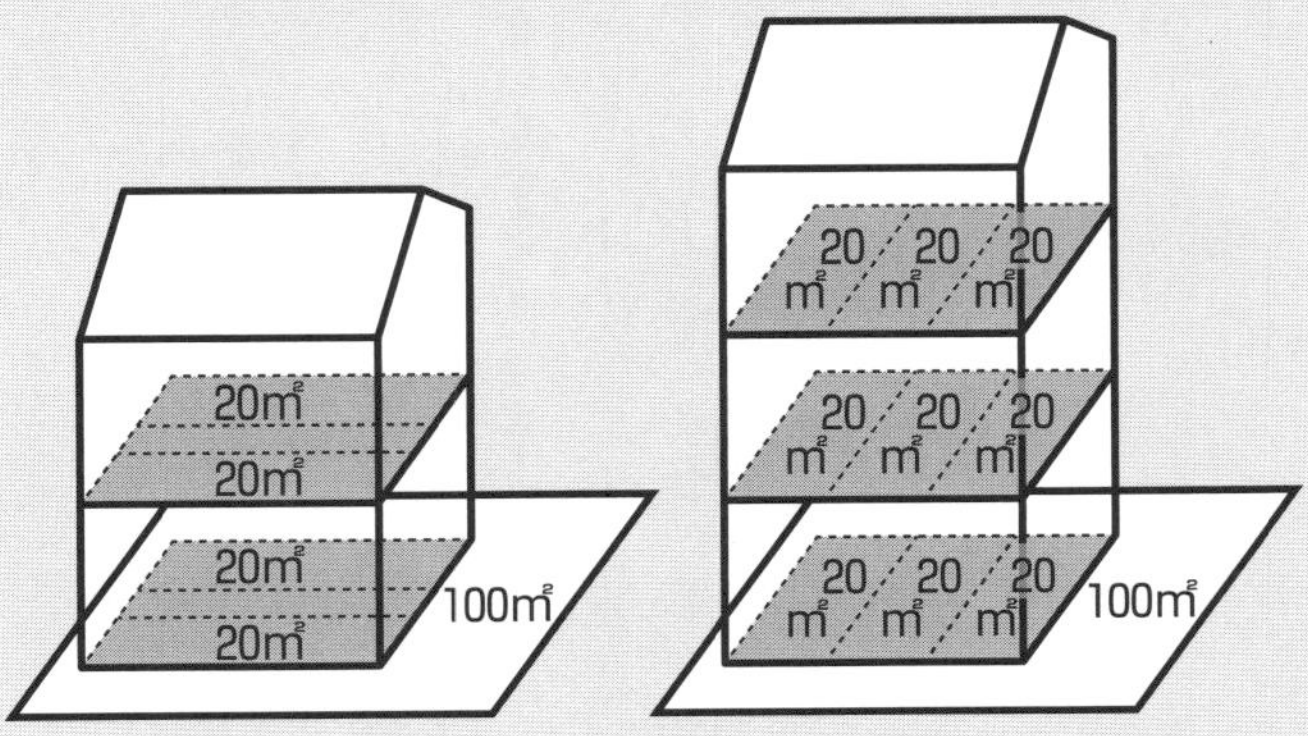

3,000万円÷４
＝750万円

4,500万円÷９
＝500万円

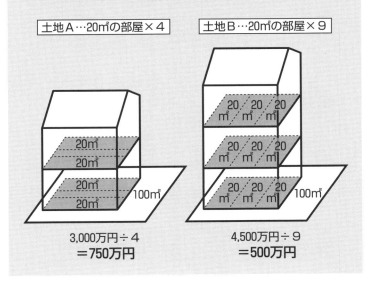

場合があります。

■土地の形はそれほど気にしなくていい

よくアパート用地では、整形地でないと建てづらいと建築士や建築会社からいわれます。整形地とは、土地の形状がほぼ正方形や長方形に整えられている土地のことです。

しかし、そのような言葉は、設計がしやすい、建物が建てやすいという理由で伝えてくるのに過ぎません。そのため**整形地のみを探す必要はない**と思います。

整形地のほうが、プランを入れやすいのは事実ですが、一方で整形地は割高になります。投資家として収益性を考えるのであれば、整形地だけでなく割安な旗竿地（建物を建てる土地の部分が旗で、竿の部分の細長い土地で道路に接している土地のこと）や変形地をどのようにして活かすかを考えるべきだと思います。

私の2つ目のアパートは、三角形の土地に建てています。部屋も台形になっていますが、何の問題もなく入居してくれています。

不動産ポータルサイトの土地情報の数は多いですが、自分が希望するエリア・部屋数を確保できる広さの土地はすぐに見つからない可能性があります。日々、これらの計算がすぐにできるぐらいにしておくとよいかと思います。そのようにすると、土地情報をぱっと見た瞬間に自分の希望する条件にあてはまる土地かどうかがわかるようになります。

一定のエリアを１か月ぐらい見続けても候補となりそうな土地が出てこない場合は、そのエリアの土地の価格では利回りが希望通りにならない可能性がありますので、他のエリアを探すか、条件を変えることをお勧めします。

情報が効率的に手に入る仕組みをつくる

候補エリアが決定したら、エリアの土地情報を多く見て、土地の広さや駅からの距離などによる価格感を養います。そうすることで、お宝土地なのか、そうではない土地なのかの判断が瞬時にできるようになります。

中古の不動産投資物件のように、掲載してから申し込みまでに瞬間蒸発してしまうような土地は少ないですが、それでもお宝土地については申し込みスピードが早いので注意が必要です。

多くの土地情報を効率よく見るためには、毎回ポータルサイトに検索しに行くのではなく、新着メールを受け取れるように登録しておきます。私が受け取っているサイトは、以下になります。

・アットホーム

物件数が多く、不動産会社がレインズに掲載していない情報も載せているケースがありますので、毎日確認しています。

・不動産ジャパンの検索リスト

・ハトマークの新着メール

・大手不動産会社の新着メール

こうしたサイト以外にも、大手不動産会社の新着メールも利用しています。投資用不動産の売却は、投資用不動産を専門に扱っている不動産会社に依頼することが多いかもしれませんが、一般の方が土地を売却しようとする時、駅前にある大手不動産会社に相談しに行くことも多いと思われます。

また、左記のような大手不動産会社は、毎週のようにビラ配りをして売却物件を探していますので、ポータルサイトに比べて数は少ないものの、お宝物件が出てくるケースがあります。

・東急リバブル
・住友不動産販売
・三井住友トラスト不動産

3 土地が見つかったら何戸の建物ができるか確認

候補となり得る土地が見つかったら、即行動！

様々なサイトを使ってチェックを続け、「これは！」と思える土地を見つけたら、即電話をします。

問い合わせフォームがあるので、そこから資料請求を行えばよいのではと思う方もいるかもしれませんが、結論からいうとそれではダメです。

理由は3つあります。

1つ目は、その土地の担当者が他の物件やお客様の対応など、他の業務をしていますと、メールの確認はどんどん後回しになってしまいます。

最悪の場合、月曜の昼に問い合わせた資料請求が、担当者は午後から現場に行きそのまま直帰、火曜・水曜がお休みで、木曜日も現場に直行というケースも考えられます。

そうしますと、資料請求から3日間も空いてしまいます。もし、この土地を他の不動産会社も扱っていた場合、他のお客さんに先に紹介され、購入の判断をされてしまうことも考えられます。

土地を含め、不動産は常に自分にとって有益な情報をいかに早く手に入れることができるかで勝負が決まるものなのです。

2つ目の理由は、電話で資料請求すると同時に、現在の問い合わせ状況や買付状況を尋ねることができるからです。

担当者から、「すでに2件の問い合わせが入っていて、1人は戸建を検討しているが融資でつまずいています。もう1人は同じように4階建ての鉄骨マンションを考えているみたいです」といった、ライバルの状況を教えてくれるケースもあります。

そのような状況を聞くことができれば、こちらとしても急がなくてはならないことがわかり、次のアクションに移ります。

次のアクションとは、建築士に連絡して、この土地に何部屋のアパートが建つかを計算する作業（**ボリュームチェック**）を至急行ってほしいと伝えることです。

「ボリュームチェック」とは、その土地の法的な制約を考えると、実際にどのくらいの延床面積の建物を建てられるかを検討することです。

建築士は、ボリュームチェックに関しては基本的に無償で行ってくれるケースが多いため、ボリュームチェックをしたのに他の人に購入されてしまったりすると建築士さんの作業が無駄になってしまいます（有料のこともあります）。

そのようなことがないように、土地の動きがどうなっているのかを把握しておくことは

■不動産会社からもらうべき資料

・販売図面	・測量図
・登記謄本	・住宅地図
・ガス埋設管	・上下水道台帳

とても大事です。

また、不動産会社の担当者が建築についても知見がある場合は、アパート用地として考えていることを伝えることで、その際に制約となる条例などを教えてくれる場合もあります。

3つ目は、担当以外のスタッフであっても資料をもらうことはできるからです。

電話で連絡をすると、担当者がいないケースも多々あります。帰ってくる時間をうかがって後ほど電話をするのは、受動的ではなく能動的なのでベターではありますが、ベストではありません。

たとえ担当者がいない場合でも、問い合わせた土地の情報を知っているスタッフはいます。担当者の上司や事務の方などはたいてい在籍しているものです。

この土地についての資料がほしいと伝えれば、共有されている土地の詳細情報について、少なくとも簡単な情報だけでもメールで送ってもらえます。

このように、誰よりも土地の情報を早く仕入れることに全力を尽くすのが大事です。

担当者であろうと、そうでない事務の方であろうと、資料を請求する際は、ほしい資料をきちんと伝えることが大切です。そうしないと、忙しい担当者の場合、電話の相手が本当に買う気があるかどうかがわからないと、販売図面だけをとりあえず送ってくる方もいます。

そのように思われてしまったらわざわざ電話した意味がなくなってしまいます。新築アパートの建築を計画しているため、資料をもらったら、ボリュームチェックやアパート建築上の制約を建築会社に確認したい、ということを担当者に伝えて、前ページ図の資料を依頼しましょう。

ボリュームチェックを建築士に依頼

すでに部屋数における収支計算はざっと行っており、購入の候補となることは確認して

■建築士や工務店を探せるサイトの例（SuMika）

いますが、本当に想定通りの部屋数になるのか、部屋の広さに無理はないのかを確認するため、建築士へボリュームチェックをお願いします。

建築士の探し方は、設計を募集するサイトがありますので、そのようなサイトを使うと便利です（上図参照）。こうした募集サイトで依頼をしますと、何名かの建築士から応募が来ます。

※SuMiKa（https://sumika.me/）

建築士によって、建築会社と組んでいる方もいれば、純粋に設計のみを提案してくる方もいます。競合アパートとの差別化を考えた入居者好みの提案をしてくれる方もいれば、費用対効果を最大にした提案をしてくる方も

■ボリュームチェック依頼の際に確認すべきこと

①設計の価格を含めた総建築費がどのくらいになるかを確認

計算根拠となる基準（何の単価なのか）は、建築士によって異なるので、確認する

②総建築費に含んでいる内容の確認

建築士、建築会社によって建築費に含まれる工事の内容が異なる。想定外の出費にならないよう確認する

③設計料について

設計費は、建築費に含まれているのか、含まれていなければ、金額はいくらなのか確認する

います。

それを加味して、依頼をする際は、次のことを聞くようにします。

1つ目は、設計の価格を含めた総建築費がどのくらいになるかです。

建築士は自分が設計した建物がどのくらいの価格で建築できるのか、大まかに計算することができます。

ただし、それが何を基準に計算しているのかは建築士と付き合いのある建築会社の計算の仕方などに依存しますので、**計算根拠となる基準を忘れずに聞いてください。**坪単価で計算しているのか、１部屋あたりの単価で計算しているのか、延べ床面積あたりの単価で

計算しているのか、建築士によって基準が異なることがあります。

これらを確認しておくと、相見積の基準を合わせることができます。


2つ目は、総建築費に含まれる内容の確認です。

建築士や建築会社によって、地盤改良工事、外構工事（建物以外のフェンスや排水工事など外部周りの工事）、水道加入金を含む場合や、基礎的なものについては含む、まったく含まないなど、会社によって様々です。

これらの費用を金額にしますと、トータルで1000万円近くかかる場合もあります。そうなると、計画がまったく異なる状況になってしまうため、必ず確認するようにしてください。


3つ目は、設計料についてです。

設計をまとめて依頼するサイトなどで設計を依頼する場合は、設計料と建築費用がそれぞれでかかってきます。

その場合、総建築費用とは別に設計料を加えて収支計算をしなければならないので、設計を依頼した場合の金額についても確認が必要です。

一律建築費の○○％を設計料としているところもあれば、５０００万円までは10％、１億円までは８％などと段階をつけているところもあります。

また、中には建築会社と組んで、建築費用に設計料を含めて提示するところもあります。建築費用が許容範囲ならば設計の費用分が浮いたことになります。

建築士にボリュームチェックの依頼をしますと、足りない情報をふまえたうえでの概算や、必要な情報を追加依頼してきますので、その情報を土地を仲介している不動産会社に伝え、追加資料をもらいつつ概算の精度を高めていく必要があります。

「建築条件付土地」を活かして狙う

土地探しにおいて、建築条件付きの土地は、我々個人にとってはお宝になる可能性があります。

通常の戸建ての建築を想定した土地にアパートを建てることができるのかというと、できるのです。

■建築会社が販売していることによる様々なメリット

さて、建築条件付土地がお宝土地になるかもしれない最も大きな理由は、建築会社が利益を乗せて建物を建てることが前提となっているので、不動産業者がその土地建物を購入して販売すると割高になってしまうため、**不動産会社が競合になることがあまりないため**です。

次に大きな理由は、**土地の値段が相対的に安いケースが多い**ことです。

これは、元々建築会社は建築を生業としていますので、土地の売買で多くの利益を出そうとはあまり考えていないケースが多いからです。どちらかというと、土地の値段を安くすることで土地建物全体の価格をお得にして、建築の仕事を取ろうとしているからです。

3つ目の理由は、売主側が建物を建築するため、プランの検討は売主側の建築士が行ってくれる点です。**わざわざ建築士を探してボリュームチェックを依頼する必要がありません。**

土地の売主と建築士が別になっているケースでは、間取りや設備の内容を詰めるにあたって何度もやり取りをすることもあります。これは建築士にとっては無償の仕事になるため、あまり本気になってくれません。

そのような意味でも、売主側の建築士ですと、プラン内容が売買成立に直結しますので、納得のいく検討がしやすいと思います。


最後の理由としては、建築会社を探す手間が省けるという点です。

先の理由のところで、建築会社は建物を建築することで利益を出すといいました。それでは割高になってしまうのではないかと思われる方もいるかもしれません。確かに明らかに安い金額で建築してもらうことは難しいかもしれません。

しかし、通常よりあまりにも高額な建築費用にしてしまっては全体の金額が大きくなってしまい、そもそも買ってもらえなくなります。

イメージとしては、業者価格にはできないけれど、一般の方が建築する費用と同等ぐらい、と考えてもらえればよいと思います（それでも建築会社は十分な利益が出るはずです）。

以上が、建築条件付きのメリットです。

■建物の仕様や建築能力等に注意

一方で、留意点についてもお伝えしておきます。

まず1つ目は、坪単価しか決まっていない状態で契約をしないことです。仕様や建築に含まれる内容が決まっていない中で話を進めてしまうと、建築途中でこの設備は含まれる含まれないで、もめてしまいます。

例えば、水道加入金や外構、カーテンレールなどは建築費用に含まれないケースが多くあります。

建築に精通している方には当たり前のことでも、初めて建築する投資家としては当然付いているものという認識の設備もあるのではないでしょうか。

そのような意味でも、何が建築費用に含まれているのか、何が含まれていないのかを明示してもらい、必要に応じて建築費用に含めて施工してもらうのか、別途自分で他に発注する必要があるのかの判断をする必要があります。

2つ目は、過去に建てた建物や建築中の状況を見せてもらい、建築会社の能力を見極めることです。

見極めるといっても専門的な内容を確認できるわけではないので、建物は丁寧に建てられているのか、数年で補修箇所が発生していないか、建築中の現場は整理整頓されているかなど、素人でもわかるところで、きちんと建築をしてくれるかどうかを見る必要があるのです。

３つ目は、建築士の業務範囲の確認です。建築士の業務内容としては、建物の設計以外にも、建築確認申請、建築中の監理業務があります。

監理業務とは、設計した内容通りに建物が建てられているのかを確認する業務です。建築会社と建築士を別々に依頼した場合、建築会社が手抜きをしないように見張る役割になりますが、建築士の業務にこれらの業務が含まれていないと、手抜きができる環境になってしまいます（手抜き工事が起きるという意味ではなく、あくまで環境としてそうなる可能性があるという意味です）。

可能であれば、監理をしてもらえればよいと思いますが、その分、建築会社が建築士に支払うコストが発生するので、建築費用に上乗せされる可能性があります。

また、元々建築会社の建築士であるとか、提携している建築士では、監理も建築会社びいきになりやすいため、監理業務のあるなしにかかわらず、きちんと建築をしてくれる会社を選択することが最も大事な要素といえます。

以上の活動を行うことで、新築アパートを建てるのにふさわしい建築条件付きの土地を見つけることができるのです。

4 相談に乗ってくれるよい建築会社の探し方

すでに不動産投資をしている人から紹介を受ける

建築会社を探すのに一番よい方法は、身近にすでに不動産投資をしている人がいれば、そうした人に紹介してもらうことです。

新築を建てて投資している人は少ないかもしれませんが、もしいれば心強い味方になります。

どのような仕様でいくらぐらいで建築できるかを事前に聞くことができますし、実際に建てた新築アパートを見学させてもらうと、イメージやその建築会社の標準仕様がわかります。

標準仕様なんてどこも同じなのでは、と思われる方もいると思いますが、決してそうではありません。

私の場合、１棟目の建築会社ではカーテンレールが付いていましたが、２棟目の建築会社ではカーテンレールは請負代金に含まれていないとのことでした。

気づいたのは建築途中でしたが、幸いカーテンをつける窓が少なかったこともあり、自分でホームセンターでカーテンレールを購入し、取り付けることで、大きな追加コストが発生することは防げました。

地盤改良や外構工事に関しても、請負金額に元々含めている会社もあれば、別途請求してくる会社もあります。

追加コストの発生による利回りの低下を防ぐため、建築会社の標準仕様を確認させてほしいとお願いしましょう。

洗面化粧台１つとってみても、収納がほとんどないタイプのものでは、そこでお化粧をする女性にとっては新たに収納を購入しなければならなくなるため、それだけで住まい探しの選択肢から外されてしまう可能性だってあります。どのような設備が設置されるのか、それが自分が候補とする入居者にとって望まれるものかどうかが確認できます。

建築会社の請負範囲や内容を事前に知ることができると、その会社の優れている部分と足らない部分が聞けるため、今後の対応や追加の依頼事項を考えやすくなります。

建築士から紹介を受ける

2つ目の方法は、建築士の紹介を受けるという方法です。

メリットは、過去のアパート設計の経験から、建築費用の価格感が事前にわかることです。前述のボリュームチェックを行うのと同時に、建築費用の価格感を尋ねてみるのもよいでしょう。

おそらく、何社か付き合いのある建築会社があるでしょうから、その中から各社の価格感、アパート建築の経験、納期や作業の丁寧さなどをうかがってから紹介を受けるといいと思います。

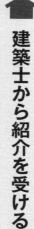

建築士の中には、建築会社と一体でサービスを提供している人もいます。建築士が建築会社を事前に選定し、どのような建物が得意で建築費用がどのくらいかかるかを把握していますので、こちらとしては収支シミュレーションを早期に作成することができます。よい土地ほど他の投資家との競争が激しくなるため、収支の判断が早くなることは土地購入において競争力となります。

また、建築士の設計料は、建築費用に含めて提示してくれるところもあります。その場合、設計料によるキャッシュアウトがなくなるメリットもあります。

デメリットとしては、建築士と建築会社の間の緊張感がないので、建築途中の監理がおろそかになる可能性があったり、正味の建築費用が見えず、他の建築会社と比較しにくくなったりすることでしょう。

建築士が組んでいる建築会社が、建築士にとって金銭的・時間的に都合のよい会社を選んでいる可能性もあります。

建築士が紹介してくれたからすべてを信用するのではなく、契約書や仕様書の確認は自らの責任でしっかりと行うべきです。

土地を購入する不動産仲介会社から紹介を受ける

3つ目の方法は、土地を仲介してくれる不動産会社から紹介を受ける方法です。

不動産会社は、日頃から土地や建物の売買で多くの建築会社と関わりがあります。戸建を建てたいと土地探しの相談に来る人に建築会社を紹介したり、建売業者が自分たちで建築した戸建を売る相談をされたりと、色々なことで建築会社と取引をしています。そのような建築会社を紹介していただき、購入候補の土地に対する建築プランをどのくらいで建築可能かを調べてもらいます。

1社だけに依頼するのではなく、複数社に依頼してもらうとよいでしょう。建築費用の比較ができることと、各社が各工事をどのくらいの金額で行えるのかを知ることができます。

仲介会社としても、建築会社を紹介することで土地売買の成約に向けて手伝うことができ、かつ進捗状況を把握しやすくなりますので、売主とのコミュニケーションや他の購入候補との調整がしやすくなります。

以上、3つの方法を使ってローコストかつ高クオリティーのアパートを建築してくれる建築会社を見つけます。

私の経験からいうと、どのような紹介を受けた建築会社でも完璧はないと思っています。何かしら、自分が意図しないことが起こるものです。そのことで建築会社と衝突するのではなく、どのようにしたら自分の目的（費用・品質・納期）を達成できるかを、一緒に考えてもらうとよいでしょう。

そのために、自分はどの部分なら譲歩できると伝え、相手も譲歩できるのはどの部分かを確認し、寄り添っていく環境をつくり上げることが最終的に目的を達成する近道です。

そのようなコミュニケーションをとることで、お互いの信頼関係を築くことができ、万が一のことが起きた時に、相手から助けてもらえるようにしておきます。

もう少し知りたい

土地の広さはどのくらい必要？

土地を安く購入することができれば、確かに利回りが高くなると思います。しかし、あまりにも土地が小さいと、部屋数が取れないので建築費用が割高になります。

以前、35㎡の広さで、建ぺい率60％／容積率160％の土地に1フロア1部屋の3階建てを建てようとしましたが、合計3部屋では建築会社としては建物全体での利益額が少なくなってしまうので、1部屋あたりの利益額を増やさないと割に合わないといわれました。

通常の1・4倍ぐらいの建築費を提示され、収支計算が合わなくなりました。最低でも6部屋ぐらいの部屋数がないと、建築会社が建築費の中での利益を得ることができないので、取り組みたいと思わないそうです。

建築会社が儲けることができて、かつ自分自身が納得できる建築費用を提示してもらうことが重要だと思いました。

すると、土地は少なくとも80～90㎡程度の広さは、ほしいところです。実際には、状況によって変わるので確実とはいえませんが、おおまかな基準としては80～90㎡の広さで建ぺい率が60％、容積率が200％であれば、1フロア2部屋で3階建てのアパートが建てられると思います。

第5章

自分で建てるからできる「空室の出ないアパート」にする方法

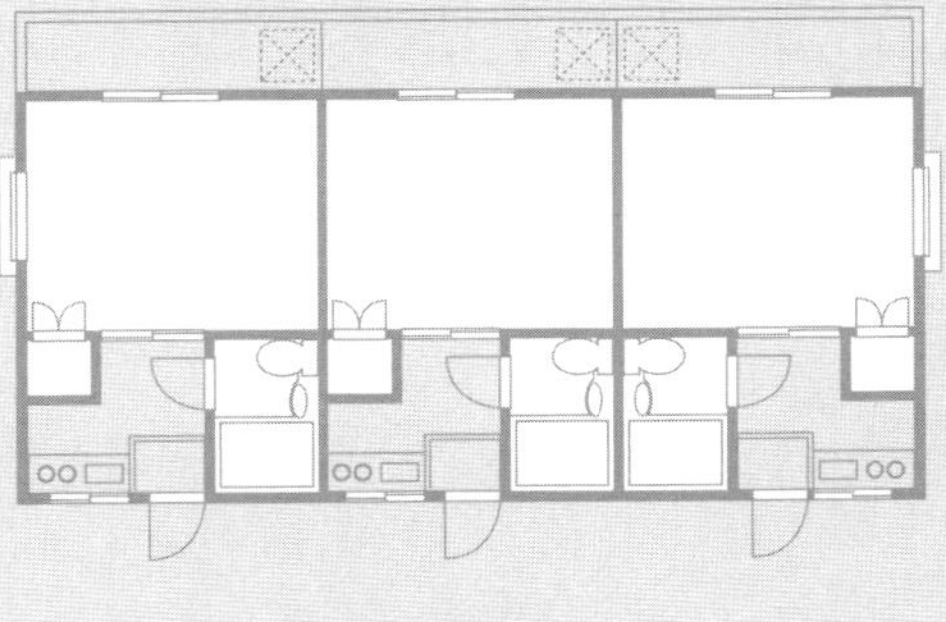

前章での土地探しと並行して、新築アパートの間取りや設備を決めていかなければなりません。これは、アパートの建築費用を詳細に確認するためです。

この調査をしていないと、建築士から出てきた建築プランに対して意見がいえません。建築士や建築会社のプランは、多くの場合が建てやすい、または設計しやすい間取りや設備になっています。そのため、自分で建てるといっても他の物件との差別化をはかりにくいケースが多いのです。

それでも新築時は埋まるかもしれませんが、2~3年経つと他の物件と代わり映えがしないため、賃料でのアピールしかできなくなります。そうなってしまったら、せっかく稼ぐための新築アパートを計画したのに、本末転倒になってしまいます。

とはいえ、部屋が広いほうがいい、オートロックはほしい、インターネット完備、収納はたくさん、といった入居者のニーズをすべて満たそうとすると採算が合わなくなります。だからこそ、入居者が求める部屋にしながら、しっかりと収益が出るように意識しなければなりません。何を選び、何を省くのかを決めていくことが大切です。

次に、その判断をする情報を得るための調べ方を説明します。

順番としては、以下の順で行なっていきます。

■部屋の設備の調べ方

・入居者となってくれる方のイメージを固めます

↓

・大手ポータルサイトの検索項目を参考に、想定する入居者がどのような設備をほしがるのかをイメージします

↓

・人気設備ランキングを参考にアパートに取り付ける設備を絞ります

↓

・「SUUMO賃貸経営サポート」等で、競合アパートの設備状況と部屋を探している人々がチェックしている検索項目を確認します

↓

・賃貸仲介会社に、自分が取り付けようとしている設備と、実際にお店に来られる方のニーズにギャップがあるかどうかを確認します

↓

・再度の見直し

賃貸サイトの検索項目を参考に設備を考える

ＳＵＭＯやライフルホームズ、アットホームなどのサイトには、部屋を借りたい人が検索する際に、ほしい設備にチェックを入れて検索数を絞るための機能があります。

このチェック項目は、基本的に部屋を借りたい方のニーズが高い内容が設けられています。だから、この項目の中でどの設備を付けるかを考えていくことで、ニーズをうまく拾うことができます。

設備を付けるかどうかの判断基準を明確に決めることは難しいですが、想定する入居者がその設備を望むのかどうか、その設備を付けることで他の物件との差別化ができるのかどうか、導入費用が多くかかってしまわないかどうか。また、設備が壊れた時に修理費用が多額にかかってしまわないかどうか——などの要素を参考に判断をしていけばよいと思います。

■SUUMOの「さらに詳しいこだわり条件」検索

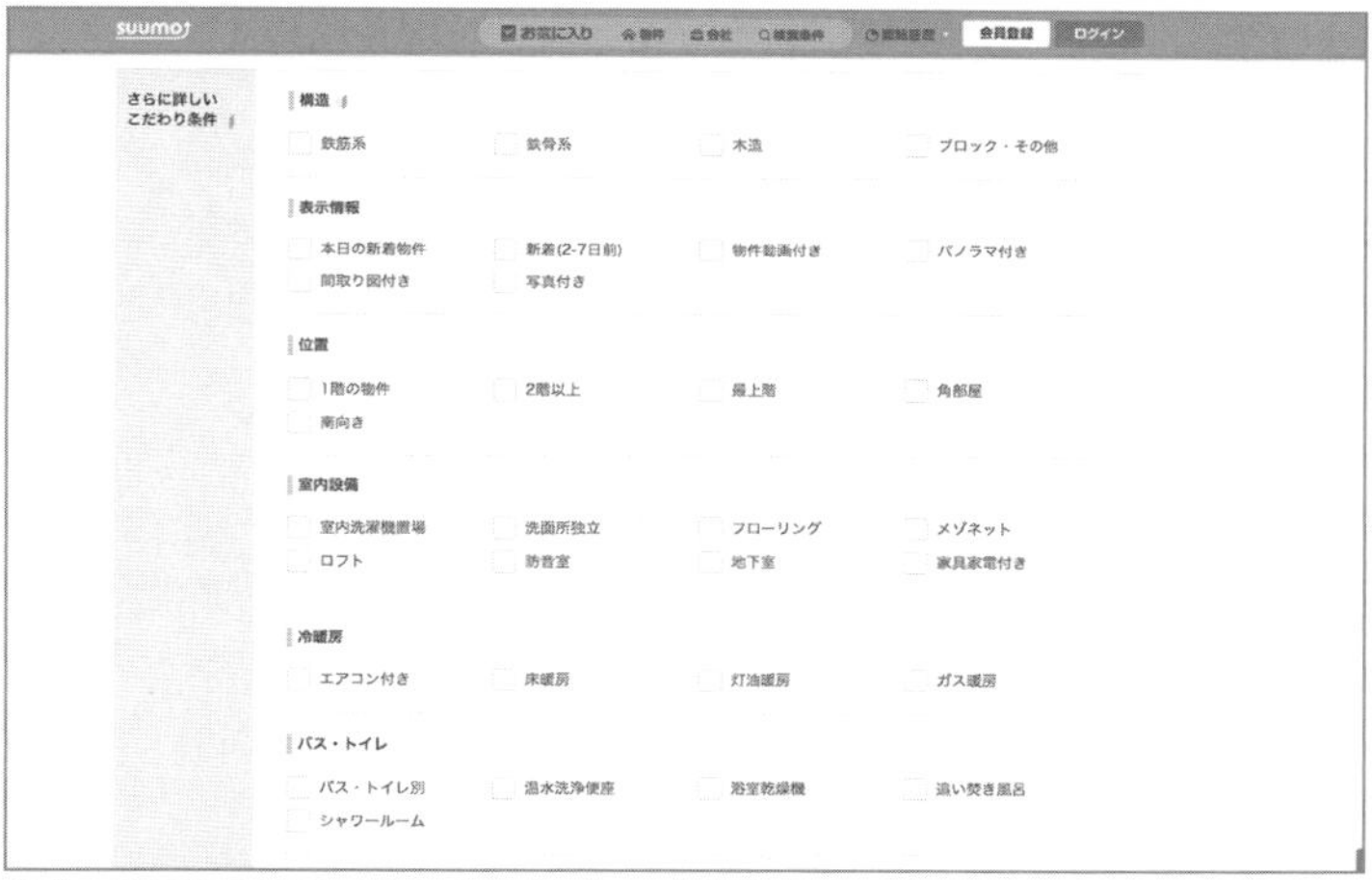

出典：2018年３月30日時点のSUUMOの賃貸検索ページのデータ。

例えば、２口コンロは、通常の１口コンロと比べて圧倒的に女性の支持率が高くなります。最近では自炊をする男性も増えていますので、若い男性の支持もあります。

それでいて、競合が付けているケースが少ないため、お勧めといえます。

エアコンについては、１台５万円程度で、部屋数が増えるとその金額のインパクトも大きくなります。

そこで活用したいのが、プロパンガス会社からエアコン設備を提供してもらう方法です。

プロパンガス会社は、ガスの提供以外にも各種設備の提供をしてくれる場合がありますので、無償で提供を受けることができる可能性があります。設備に関しては相談をしてみるとよいと思います。

当然、プロパンガス会社は、その分のコストを入居者が使用しているガス代から回収しています。

昨今、この仕組みを利用して入居者へ高い単価でガスの提供をしているケースもありますが、入居者が快適に暮らせることを踏まえた適正な単価でのガスの提供を行いつつ、プロパンガス会社に協力してもらえることがないかを聞くのがよいと思います。エアコンの提供であれば、協力してくれる会社はあるはずです。

人気設備のランキングを見る

㈱リクルート住まいカンパニーや全国賃貸新聞などが人気設備ランキングの調査を行っています。それぞれの会社が単身者・ファミリーにおける人気設備ランキングを出していますので、ランキング結果を参考にしてみましょう。

■賃貸物件の人気設備ランキング

付いていて当たり前・付いていない家は借りないと思う設備・仕様

男性

1	バス・トイレ別	54.3%
2	エアコン	51.1%
3	クローゼット	30.9%
4	フローリング	27.1%
5	２階以上	23.9%
6	マンション（鉄筋コンクリート構造）	18.6%
7	ガスコンロ付きキッチン	18.1%
7	独立洗面台	18.1%
9	バルコニー	15.4%
10	洗浄機能付き便座	12.8%
11	エレベーター	10.6%

女性

1	エアコン	68.0%
2	バス・トイレ別	67.4%
3	クローゼット	53.4%
4	２階以上	47.8%
5	フローリング	47.2%
6	ガスコンロ付きキッチン	36.0%
7	バルコニー	29.8%
8	独立洗面台	27.0%
9	マンション（鉄筋コンクリート構造）	25.8%
10	オートロック	22.5%
11	TVモニター付きインターホン	21.9%

出典：一人暮らしのシングルに聞いた設備ランキング（2017年３月）SUUMO調べ。

このランキングは参考になりますが、２つの注意が必要です。

１つ目は、この人気設備ランキングの結果を満たそうとすると、コストは当然割高になってしまいます。そのため、これらの設備が本当に必要か、周りの競合物件も付けているのかなどを賃貸仲介会社に聞いて検証する必要があります。

２つ目は、このランキングにないからといって、必要がないと考えないことです。

例えば、シューズボックスについてはランキングには出ていませんが、新築アパートであれば付いていることも多いですし、女性の入居者にとってはシューズボックスのあるなしが決め手になることがあるかもしれません。

「SUMO賃貸経営サポート」で調べる

新築アパートを計画するエリアで求められる設備については、大家さん向けに㈱リクルート住まいカンパニーが情報提供している「SUMO賃貸経営サポート」というサイトで調べることができます。同じ賃料帯・広さ・築年数・駅距離の中で、どのような設備が求められていて、どのようなアパートが建っているかがわかります。

これを見ますと、最低限付けなければならない設備、付けても差別化につながらない設備などがわかります。

例えば、周辺物件の設備装着率として浴室乾燥機が11位（装着率58％）に入っています。しかし、このサイトでは、物件検索時にほしい設備としてチェックしている方は、それほど多くないことがわかります（これは右側の「こだわり条件の人気度」を見るとわかります）。

浴室乾燥機は、導入に10万円ぐらいかかります。その分を家賃に転嫁できるでしょうか。設備なので10年ぐらいで壊れることも想定しなければなりません。

■「SUUMO賃貸経営サポート」の賃料・設備相場チェッカー

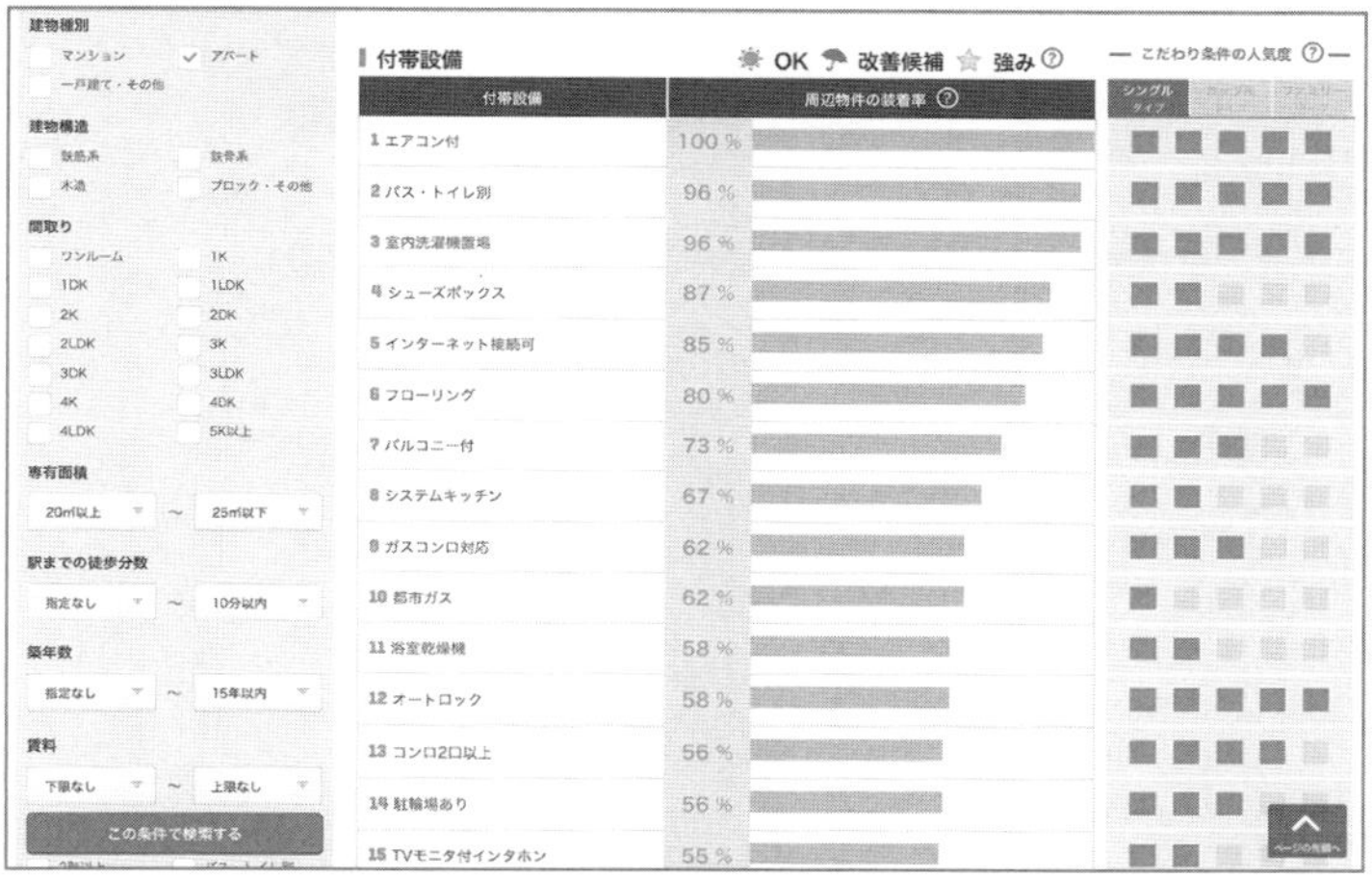

出典：2018年４月４日時点のSUUMO賃貸経営サポートのデータ。

このように、求める人が少ない設備の場合は、そこに住む方が払える家賃が高額でない場合、例えばエアコンの前に室内洗濯物干しをつけることで浴室乾燥機を使うニーズに代替できないかなどの工夫を考える必要があります。

代替手段があれば、部屋を探している人が賃貸仲介会社とアパートの内見に来た際も、浴室乾燥機の代わりとしてエアコンの前の室内洗濯物干しをPRしてくれる可能性が高くなります。

私の場合、インターネット回線を初めの物件では導入しましたが、次の物件では導入しませんでした。理由は、最近の単身者はパソコンを持たず、スマートフォンで済ます人が多いと聞いたからです。

インターネット回線料金を管理料金に含んでいる場合、スマートフォンのみを利用している人からすると余計なお金を支払わなければならないと感じ、自然と対象外物件になってしまうからです。

時代とともに求められる設備は変わりますので、自分がターゲットとする入居者がどのような生活をするのかをイメージして設備を決めるとよいと思います。

その設備を導入しなければ、全室埋まらないほど必須なものなのか、導入することにより家賃を上げることができるものなのか、以上を考えながら設備の導入を決める必要があります。

賃貸仲介会社に聞く

間取りについて深く考えたことがありますでしょうか。なぜワンルームよりも１Ｋが人気なのでしょうか。具体的にイメージしてみてください。

■ １Kとワンルームの違い

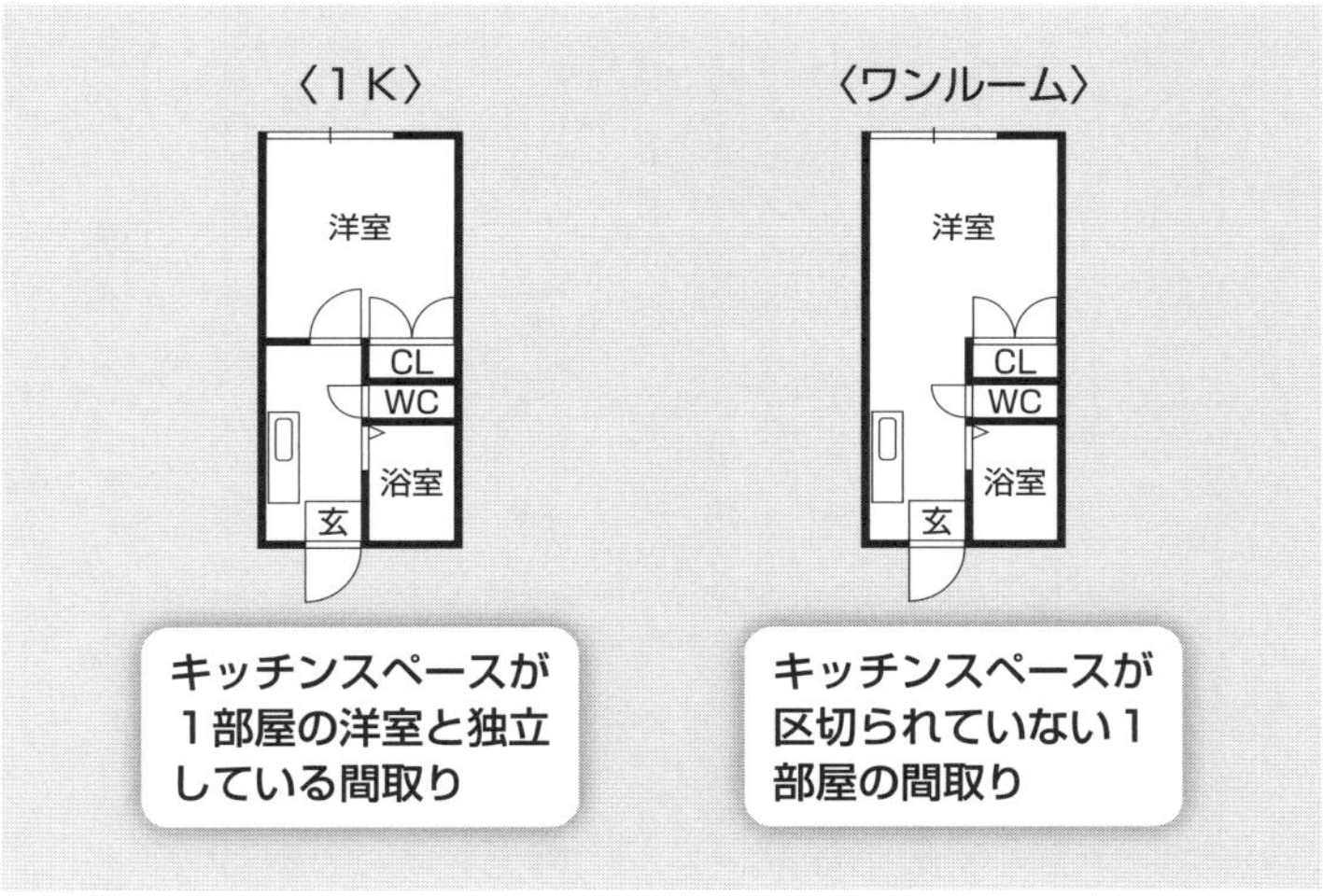

ワンルームは、部屋にキッチンがあり、仕切りがありません。1Kは部屋とは別に仕切られたところにキッチンがあるものをいいます。

1人暮らしの社会人で20代の女性が生活する場合を考えてみます。洋服やバッグ、色々なものを持っていて、おそらく備え付けの収納だけでは収まらず、部屋に棚を置いたり、洋服はハンガーでカーテンレールに掛けていたりすると思います。

毎日外食やコンビニエンスストアでは食費もかかりますので、家で料理をする機会も多くなると思います。

その場合、キッチンが部屋にあるワンルームですと、調理の煙や匂いは換気扇を回していたとしても部屋に充満してしまいます。次の日、会社に着ていこうとしている服に匂いがついては困ってしまいます。

もし、1Kであれば、キッチンと部屋が分かれていますので、洋服に匂いがつくのを防げます。

このように、実際に入居する方の生活をイメージしながら、どのような間取り・設備にするとよいかを考えてほしいと思います。

しかし、どのような方が入居者として住んでもらえるかを土地を見ただけで想像することは難しいと思います。そのため、自分でゼロから考えるのではなく、調べる方法があります。

それは、その土地の最寄りの駅近くにある賃貸仲介会社や、最寄り駅がターミナル駅でない場合は、最寄りの駅に近いターミナル駅にある賃貸仲介会社に聞いてみるのです。

次の質問は、私が間取りや部屋の設備を考える時に、そうした会社に尋ねる質問です。

間取りその他について質問したい内容

・××駅から10分の○○（地名）で、アパートを建てようとしています
・この駅近辺での賃貸付けは行っていますか（営業範囲を知る）
・駅から徒歩10分で、間取りは１Ｋの予定です
・設備としてはバストイレ別・独立洗面化粧台・室内洗濯機置き場があり、２口コンロを売りとして装備しようとしています（こちらが考える売りを伝えて、ギャップがあるかどうかを尋ねます）
・このあたりですと、どのような方が入居候補となりますか（入居者候補を知る）
・周辺の家賃や初期費用はどのような条件ですか（周辺相場を知る）
・いくらぐらいの家賃なら、絶対決められる自信がありますか（決まる家賃がわかる）
・傾向として、設備が充実しているほうがいいですか。家賃が安いほうがいいですか（物件の方向性を確認する）
・望まれる設備はありますか。無料インターネットを導入しようか迷っています（入居者候補がどのような設備を望んでいるのかを知る）

これらの質問を最寄駅・近くのターミナル駅の賃貸仲介会社3社ぐらいに確認をして、意見を集めます。

1社だけでは、たまたま電話に出た担当者の思い込みや直近のお客さんの情報を伝えてくる場合があるからです。

複数の仲介会社に尋ねることで、3社がいうなら間違いないでしょう、1社はこのようにいっていたが2社は逆のことを話していたから2社の話すことのほうが信ぴょう性がありそうだ、といった判断をすることができます。

以上のような活動を経て、新築アパートの間取りや設備を決め、建築費用を細かく決めていきます。

第6章

融資を受ける際のポイント
——新築なら融資も受けやすい

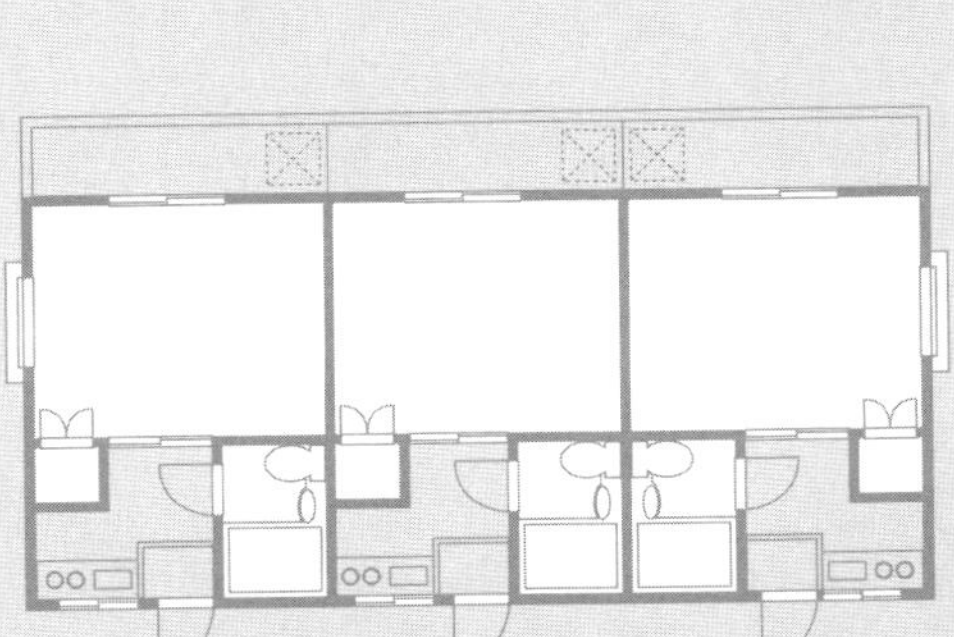

プランの金額は概算でOK

建築会社がほぼ決まり、どのくらいの建築費用になるかがわかりましたら、金融機関からの融資を受けるための活動を始めます。

この時点では、土地と建物プランの金額が固まっていなくても、だいたいの金額の内訳と、合計額ぐらいを伝えることができれば大丈夫です。

土地については、販売図面の情報と不動産仲介会社にヒアリングした結果を受けた状況を伝えます。多少の値幅があることを金融機関の担当者に知っておいてもらいます。

建築費用は、ボリュームチェックの結果を経て、建築会社が算出した見積りを出してもらいます。

この時、設備をあらかじめ追加する予定だったり、凝った内装にする予定の場合は、ある程度の余裕を持って建築会社に見積りを出してもらいましょう。

最低限の建築費用で出してもらった見積りで金融機関に融資の相談をした後に、受けたい融資金額が上振れ（増える）してしまうと、金融機関の担当者は、再度審査をやり直さ

■融資を受けるための概算金額の計算例

●土　　地：5,980万円（交渉予定　※すでに他の購入希望者との交渉で300万円の値引には応じているとのこと）

●建築費用：4,200万円
（１部屋の建築費460万円で計算）

●その他費用（外構、水道加入金、地盤改良費、初期費用）：1,150万円

●消費税：約428万円（建築費用＋その他費用の合計に対して税額計算）

なければならず、手間が増えてしまします。

最も高くてもこのくらい、というラインの金額を出しておいたほうが、後々金融機関に迷惑がかからず印象が悪くなりません。


その他費用は、この時点では未確定の内容が多いと思います。

外構はどのくらいの広さになるのか、砂利で埋めるのか、コンクリートで埋めるのか、タイルで埋めるのかでも値段が変わってきます。

水道加入金は、都市によって値段が違うため、１戸につき15万～20万円ぐらいで概算の根拠としたことを伝えればよいと思います。

地盤改良費は、実際の地盤を調べてみないといくらかかるかわからない費用です。

■「全国地盤サーチGAIA」のサイト

購入前に調べることは難しいため、購入候補の周辺の土地で建築する際に地盤改良をしたことがあったかを、不動産仲介会社の知り合いの建築会社等に確認してもらい、それをもとに概算で計算しておきます。

また、全国地盤サーチＧＡＩＡ（http://www.vic-ltd.co.jp/map/）というサイトで、購入する土地の近隣の地盤調査の結果を確認することができます。購入する土地が軟弱な地盤かどうかを判断するうえでの参考になると思います。

初期費用は、それぞれの金額が確定していない段階では決まりませんので、前ページ図で例示した土地価格、建築費用、その他費用の合計金額に対して８％前後で計算した金額を金融機関には伝えます。

中古不動産では初期費用が８～10％程度かかるといわれますが、新築の場合は建物分の仲介手数料がかからないので８％で計算します。

まずは、これらの購入に際して必要となる金額と想定する賃料を伝え、各金融機関の新築アパートに対する融資姿勢と、自分の属性でどのくらい借りることができるのかを確認しましょう。

その際、自ら金融機関を開拓することは大事なのですが、普段サラリーマンとして働いている場合、金融機関を開拓するのは難しいと思います。まして、いままで取引のないサラリーマンが突然融資依頼をしにくるのです。よほど融資に貪欲な金融機関でない限り、なぜうちに相談をしてきたのかと考えるのが普通です。

そのような印象を受けず、より高確率でよい金融機関に出会うためには、次のやり方を実践するのが近道です。

1 金融機関の見つけ方

不動産会社からの紹介を受ける

最も効率的なのは、土地の仲介をしてもらう不動産会社に相談することです。不動産会社は土地を売りたいため、融資に対して積極的に動いてくれるでしょう。日頃付き合いのある、もしくは過去に融資を相談した金融機関の情報を持っていると思いますので、それらの金融機関に対して融資の打診をお願いしましょう。

アパートの融資に慣れた不動産会社の担当者でしたら、あなたの属性や物件の内容を踏まえて適切な金融機関を紹介してくれる可能性が高いです。

土地を販売している不動産会社は、土地や戸建、収益物件など様々な不動産を取り扱っており、お客さんや不動産によって様々な金融機関や信用金庫、信用組合などの金融機関を使い分けているケースがありますので、複数金融機関へまとめて確認してもらえる可能性があります。

しかし、金融機関の審査が芳しくないと、不動産会社から買えない人という印象を持たれる可能性もあります。

せっかく不動産会社と良好な関係をつくり上げ、土地情報をグリップしてもらっていたとしても、そうなってしまうと担当者は他の購入者を探し始めると思いますので、今後この金融機関に聞いてみる予定ですとか、購入のために自らも動いていることを共有するようにしましょう。

また、不動産会社によっては、金融機関との繋がりがあまりなかったり、ほぼ住宅ローンしか扱ってなく、収益物件を建てる際の融資依頼が不得意な場合もあります。

そのような時は、「金融機関を紹介していただきたいのですが、どちらの金融機関を紹介していただくことが可能ですか」とお尋ねし、相手が提示してくれた金融機関で過去にどのような属性の人がいくらぐらいの収益物件の融資を受けられたかの詳細をうかがい、自分の属性や物件の内容等の条件が似ているか確認しておきましょう。

融資の審査をさんざん待った挙句、結局、融資が下りなかったのでは、後から購入申し込みをして来たライバルに簡単に奪われてしまう可能性があるからです。

建築会社からの紹介を受ける

2つ目の探し方は、建築をお願いする建築会社に金融機関を紹介してもらうことです。建築会社も不動産会社と同様に、日々の取引で金融機関と懇意にしているケースが多く、戸建などをよく建てる建築会社が、その融資をいつも決まった金融機関に紹介しているケースがあります。

金融機関側は、建築会社からの紹介による融資を増やしており、建築会社もお客様の融資が通るおかげで注文を受けることができるといった、相互補完関係になっています。

あくまでも建築会社と金融機関との関係によりますが、これまでの紹介件数などによっては、金融機関側に金利などを優遇してもらえる可能性があったり、金融機関の規定の融資期間よりも長い返済期間を取ってくれる場合もあります。

私の２棟目の新築アパートの融資は、この建築会社からの紹介を受けたパターンでした。金融機関としては、この時の建築会社から紹介を受けた場合は、全力でサポートする方針でした。

通常では、耐用年数と同じ22年間の融資で、金利は１・８％だということでしたが、他の金融機関の状況などを総合的に判断していただき、30年間、１・３％の金利で借りることができました。

推測ですが、金融機関としては建築会社の経営も支援しており、建築会社のビジネスが伸びることが金融機関にとってもよいことなのだと思います。

不動産セミナーなどで担当者と出会う

不動産会社や建築会社から紹介された金融機関から融資を受けられない可能性もあります。

そうなってから他の金融機関を探しても、土地の購入はスピード勝負の面もありますので出遅れてしまいます。

掘り出し物の土地であればあるほどそのスピードが早いので、そのようなことにならないように、日頃から金融機関と知り合っておくことも重要です。

では、どのように知り合うかといいますと、「楽待」や「建美家」など、不動産投資のポータルサイトで、不動産会社が金融機関の担当者を招いて定期的に開催しているセミナーなどに参加することで知り合うことができます。


そうしたセミナーに来る金融機関は、不動産投資への融資に積極的だと思いますので、自分が検討している投資内容を伝えると、融資の可能性を尋ねることができます。

ただし、そのようなセミナーの多くは、金融機関の融資姿勢の概要を説明するにとどまります。

セミナー終了後、あるいはセミナー後の懇親会などで、自分の属性や資産状況における今後の融資の可能性について突っ込んで聞いてみることが重要です。

口頭でのやり取りで、資産状況などの情報もない中での話になりますので、金融機関としては確実なことはいえない場合が多いかと思いますが、大まかな可能性やこんなやり方があるといった、前向きな方法を考えてくれるかもしれません。

建築プランが決まっていない段階であっても、積極的に名刺交換をしておき、後日建築プランが固まった際には相談させていただきたい旨を伝えておいたほうがよいと思います。

2 融資を受ける際の考え方

フルローンかオーバーローンか

こうした方法を実施することで、数多くの金融機関と知り合うことができます。知り合った後は、金融機関と融資に向けた相談を行っていきます。

金融機関から融資を受ける際、購入にかかる金額のうち、いくらまで融資を受けられるかという問題があります。

物件価格（土地の購入費用・建物の建築費用・その他付随費用）、売買に関する諸費用

■ 1億円の物件に対して期間30年、金利1.3%で融資を受ける場合の月々の返済額（諸費用は物件価格の８%＝800万円で計算）

融資割合	自己資金	月々の返済金額	返済合計金額
９割融資	1,800万円	302,044円	108,735,801円
10割融資（フルローン）	800万円	335,604円	120,817,623円
諸費用込融資（オーバーローン）	0円	362,453円	130,482,996円

などのうち、物件価格のすべてを融資で購入する場合を**「フルローン」**といい、物件価格に諸費用（不動産取得税や保険料など）も含めて融資を受けることを**「オーバーローン」**といいます。

これから不動産投資を始める、ないしは2棟目の不動産を購入しようとしている場合は、自己資金が少ないか、温存しておきたいケースが多いと思います。

可能な限り自己資金は残し、入居者募集にかかる費用や突発的な費用に備えておきたいところです。

また、不動産投資において融資を家賃収入で返済していくと考えるのであれば、自己資金ではなく全面的に融資を活用して投資を行い、月々のキャッシュフローを得ていくことができたほうが投資効率がよくなります。そもそも自分のお金を使っていないので、投資という概念もなくなります。

しかし、オーバーローンを受けることによって月々の家賃収入と月々の返済額との差があまりにも少なくなって、返済比率（返済額÷家賃収入）が高くなってしまうと、空室が出た時に返済ができなくなるリスクが高まります。

私としては、**投資初期は月々の家賃収入に対する返済金額は50％前後に抑える**ことを目指しながら物件を買い進めていき、全体の返済比率をコントロールしていくのがよいと考えます。

なぜかといいますと、36ページでも述べたように、家賃収入の半分（50％）を返済にあてるように投資を設計しておけば、家賃を半分にまで下げたとしても返済が行えますし、部屋の半分が空室でも返済ができると考えることができるからです（ほかにも経費や税金が発生するため、純粋に半分ではありません）。

自己資金ではなく、融資を利用するということは、レバレッジの力を最大限活用することですが、もし、オーバーローンで借りるのであれば、レバレッジはプラス面にもマイナス面にも大きく働くことを認識したうえで、活用してほしいと思います。

私は、金融機関から借りられて、なおかつ返済比率が50％程度になるのであれば、オーバーローンでも大丈夫だと考えています。

プロパーローンを目指す

アパート経営を目指す方に対する金融機関の融資は、大きく2種類あります。

1つは、もともとは資産家向けであったものの、サラリーマンの資産形成のために使われている「アパートローン」です。アパートローンは、金利や融資期間があらかじめ決まっています。

そしてもう1つは、金融機関が貸し出し案件ごとに融資の条件を決める「プロパーローン」です。

アパートローンは、プロパーローンに比べて融資期間が長くとれる分、金利が高いケースが多くなります。

■金利と融資期間の違いによる月々の返済額

金利	22年	30年	35年
1％	**422,138円**	321,639円	282,285円
2％	468,523円	369,619円	331,262円
3％	517,896円	421,604円	**384,850円**

１％の金利で期間22年の融資を受けるよりも、３％の金利で35年の融資を受けるほうが、月々の返済額は低くなる

長いといっても、概ね35年ぐらいが最長の期間になります。新築アパートであれば、同じくらいの年数でプロパーローンの融資を受けられる可能性がありますので、わざわざ金利の高いアパートローンで融資を組む必要はないと思います。

収益物件を多く取り扱っている不動産会社によくありがちなケースは、サラリーマンが審査に通りやすいアパートローンを手っ取り早く紹介してくるケースです。

確かに、様々な金融機関と交渉する手間はなくなりますが、金利が高いと手元に残るキャッシュフローも少なくなってしまうため、そもそも新築アパートに取り組む意味がなくなってしまいます。

プロパーローンでの融資を目指して各金融機関と話してみるとわかりますが、金融機関によって新築アパートに対する融資の考え方が異なっており、金利や融資期間に違いがあります。

新築アパートをプロパーローンで借りる場合、融資期間を法定耐用年数（22年）で考えるところもあれば、新築アパートの住宅性能表示制度による性能評価があれば30年や35年として考えるところもあります。

金融機関によっては、他の金融機関と同等の基準にするといってくるところもあります。

金利については、1～2％ぐらいが多い印象ではありますが（2018年3月現在）、他の金融機関と比較している場合は、相手方の金利に合わせて柔軟に対応してくるケースが多いです。

金融機関を選ぶ観点としては、投資初期の段階ではキャッシュフローの増加が第一目的になるため、金利を1％下げるよりも融資期間を伸ばすほうがキャッシュフローに対する効果が高くなります。

融資を受ける時は、それぞれの金融機関の金利と融資期間によって計算される月々の返済金額を比較して、少ない金額になる金融機関を選びましょう。

もう少し知りたい

物件管理は建築会社に任せる

一般的に、賃貸物件の管理は管理会社に任せ、物件周りの清掃や電球切れ、設備の故障等の対応をしてもらいます。

新築アパートの場合、設備の故障はほとんどなく、電球はLEDなので数か月で切れることはまずありません。万が一、設備が故障しても、アパートを建てた建築会社が不備の確認をしてくれるため、管理会社に動いてもらうことはほとんどありません。

以前、新築から2年経ったアパートで、入居者から扉の開閉がうまくいかないと連絡を受け、管理会社の修繕担当者が確認しに行ったところ扉の交換が必要と判断され、2万円の見積りが送られてきました。

2年で壊れるようではさすがに困るため、建ててもらった建築会社の方に見ていただいたところ、何かの拍子に蝶番の部分がズレてしまっただけで、ズレを直すことで即解決しました。

建築会社の方針にもよりますが、建築した後の不具合に関しては、ある程度対応してもらえると思いますので、管理会社と役割の分担を調整しつつ、建築会社の方々にも相談させてもらえるような関係をつくりましょう。

私は、1棟目の新築アパートの管理は管理会社に頼んでいますが、入居者からのお問い合わせは年間2件ぐらいですので、2棟目では利用せずに自主管理をしています。

第7章

土地・建物の契約から建築までで押さえておくべきポイント

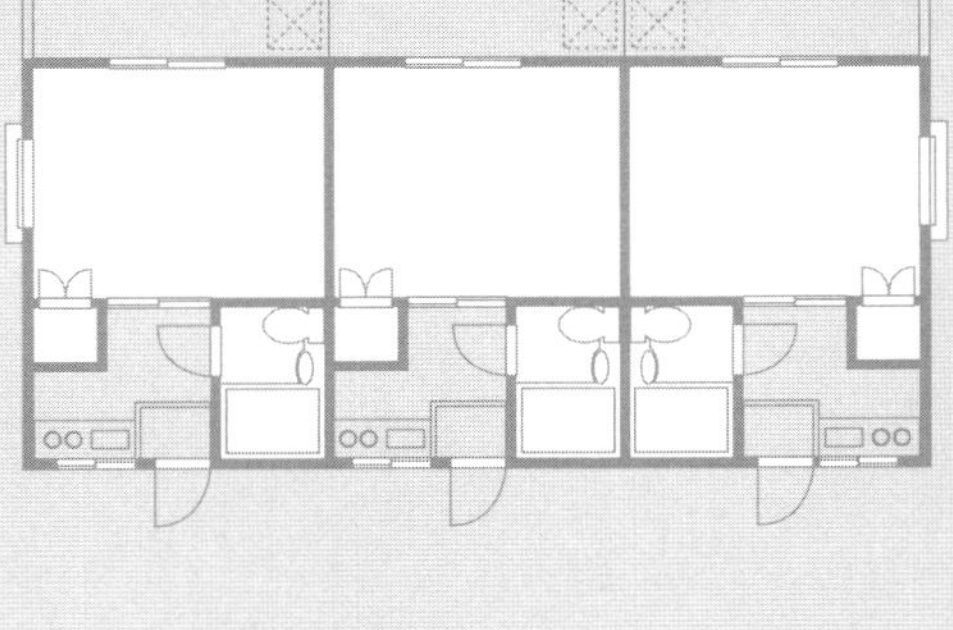

1 土地の契約について

土地を買うため「買付証明書」を出す

建物のボリュームチェック（105ページ参照）と金融機関からの融資の見込みが立った時点で、土地に対する「買付証明書」を提出します。

買付証明書とは、土地の売主に対して、「この価格・この条件でこの土地を購入します」という買主の意思を示す書類です（次ページ図参照）。

買付証明書は法的な意味を持つものではありませんが、慣例として、この書類に記載してある内容をもとに不動産の売買交渉が行われますので、買付書の内容には責任を持つことが重要になります。

買付証明書のフォーマットは、不動産会社によって異なりますが、買付証明書を提出する際に以下の部分について記載項目がない場合は特記事項に記載し、万が一に備えたほう

■「買付証明書」の例

買付証明書

年　　月　　日

売主

　　　　　　　　　　　　　　様　　　　住所

　　　　　　　　　　　　　　　　　　　氏名　　　　　　　　　　㊞

私は、下記不動産を、下記の条件にて購入したく、買い付けることを証明いたします

記

１．物件　　　物件名
　　　　　　　所　在
　　　　　　　土　地　　　　㎡（　　　坪）
　　　　　　　建　物　　　　㎡（　　　坪）

２．条件　　　購入価格　　金　　　　　円也
　　　　　　　手付金　　　金　　　　　円也　※購入価格に充当

３．支払方法　・現金　　　・銀行ローン

４．有効期間　本書面の有効期間　　　　年　　月　　日まで

５．その他の条件

がよいと思います。

・想定する建物が建てられない時にはキャンセルができること（売主が建築会社の場合）

・希望する金利、期間で融資が受けられない時はキャンセルができること

買付証明書に記載する購入価格については、89ページの「1部屋あたりにかけられる土地の価格を計算する」で説明した方法に基づいて計算を行い、自分としての基準の価格を決めます。

同時に、買付証明書を提出する前に、他の購入希望者から指値《さしね》（購入を希望する金額。通常は、売主の希望額である出値《だしね》より低い）が入っていないかどうかを確認します。

指値が入っている場合は、それが業者なのか個人なのか、いくらの金額で買付が入っているのか、売主はその買付に対してどのような反応を示しているのかを仲介する不動産会社に尋ね、どのくらいの金額であれば交渉の余地があるのか、売主が応じそうなこちらの指値の確度を高めていきます。

指値を受けてもらえる金額については、売主の事情や感情によって決まりますので、これをすれば指値が通るというようなセオリーはありません。

だからといって、やみくもに指値をすればよいものでもありません。

売主の事情として以下を確認して、それらを踏まえたうえで指値をします。

・売り出してからどのくらいの期間が経っているのか
・売却を出している間にいくらの買付が入り、どのような断り方をしているのか
・売主はいつまでには売りたいと考えている「期限」があるのかどうか

安く購入できれば、様々なリスクヘッジになりますので、少しでも安く購入したいところではありますが、自分が買いたい金額にこだわりすぎると、かえって購入が遠ざかってしまいます。

そのため、指値をしつつも、金額を戻された時は、売主としては売りたいが、その金額では売ることができないという心情をくみ、新たな妥協点となり得る指値を不動産会社に確認しながら進めるのがよいと思います。

売買契約は法人でするほうがメリットが多い

土地の売主への買付が通り、両者の条件が合意されますと、いよいよ契約となります。土地の売買契約や建設会社との請負契約は、法人で行うことをあらかじめ不動産会社に伝えておきます。

個人ではなく、法人で契約を行うことで次のメリットを得ることができます。

①不動産を売却した際の税金が有利

不動産を売却した際の税金は、所有している不動産の売却額から、不動産を取得する際にかかった代金および費用の一部（取得費）と、売却する際にかかった費用の一部（譲渡費用）を差し引いた金額、そして特別控除を差し引いた金額（＝譲渡所得）にかかります。

特別控除とは、不動産売却の際に差し引くことができる法律で決められた一定の金額です。

譲渡所得に対してかかる所得税と住民税の税率は、個人と法人で異なります。

■譲渡所得の計算式

譲渡所得＝売却価額－（取得費＋譲渡費用）－特別控除

※該当する費用や特別控除の内容は、国税庁のHPで確認できます。

※短期譲渡とは、譲渡した年の１月１日において所有期間が５年以下のもの。長期譲渡とは、譲渡した年の１月１日において所有期間が５年を超えるものをいいます。

まず個人の場合は、月々の家賃収入の税金とは別に不動産譲渡所得の税金が計算されます。

つまり、月々の家賃収入は不動産所得として税金が計算され、不動産の譲渡所得は別に計算されて、それぞれに税金がかかってくるわけです。

不動産譲渡の税率は、短期譲渡と長期譲渡で異なります。

短期譲渡とは、譲渡した年の1月1日において所有期間が5年以下のものをいいます。長期譲渡とは、譲渡した年の1月1日において所有期間が5年を超えるものをいいます。

その際の譲渡所得の税率は、短期譲渡は所得税と住民税を合わせて約40％がかかり、長期譲渡の場合は約20％がかかります（２０１

8年3月現在)。

ですが法人の場合は、家賃収入と売却益を合算して税金を計算することができます。どういうことかといいますと、個人で所有している不動産を売却して利益が出てしまうと、不動産を所有していた期間によって20%ないしは40%の税金がかかりますが、法人で不動産を所有している場合、利益を他の経費で相殺することができますので、税金を抑えることができます。

新築の不動産投資は、長期で運用しようと考えている方が多いかもしれませんが、賃貸経営は事業のため、経営を行う中で必要な場合は売却を考える状況が出てくるかもしれません。

その時に、最も有利な方法で売却できるようにしておくことが大事です。

②消費税の還付を受けられる

建物を建築して支払った金額に対しては、消費税がかかります。法人の場合、支払った消費税でも特定の条件を満たしていると、消費税が還付される仕組みがあります。

条件については、税務の専門性や物件の引渡し時期、売上を上げるタイミングなど専門的な知識が必要になりますので、土地を購入する前から税理士に相談し、条件を満たすために、何をどの時点でしなければならないのかを確認しておくことが重要です（2018年3月現在の情報のため、法律改正により変わる可能性があります）。

③今後の事業拡大に備えられる

不動産事業を行う／行おうとしている動機は人によってそれぞれだと思いますが、今後、事業拡大を想定しているのであれば、初めから法人で購入する方法で進めたほうがよいと思います。

初めは個人で購入していき、税金が高くなる800万円ぐらいの課税所得になってから、法人化すればよいという意見もありますが、私はそうは思いません。

いずれ法人化する考えがあるのであれば、初めから法人化したほうが、法人としての実績を積むこともできますし、その後の事業拡大を見据えた融資を受ける際も評価されやすくなります。

以上、法人で購入するメリットをあげましたが、一方で、デメリットも少なからずあります。

個人の場合は、事業規模に応じて「青色申告事業者」の申請をすればよいのですが、法人の場合は法人を設立しなければなりません。その時に法人設立費用が発生します。法人設立を自分で行うか税理士に依頼するかによっても金額は全然違ってきますので、個人的には自分で行うことができる方は、初期の段階では自分で設立し、出費を少なくすべきかと思います。

法人の場合のもう1つのデメリットは、個人の所得税に当たる法人税の他に法人住民税、法人事業税を支払う必要があるところです。

法人住民税は、納税金額の計算方法の選択によって、赤字でも納税する必要が出てきますので、計算方法の要件を確認しておくことが大切です。

以上の2つのデメリットを踏まえたとしても、消費税還付や譲渡所得の税率の違いを考えますと、法人で購入したほうがよいと思います。

比較的簡単に、自分で法人を設立することができる、法人設立のためのウェブサイトなどもありますので、参考にしてみてください。私自身もこれらのサイトを活用して法人を設立しました。

こうしたサイトには、事前に準備する書類などが記載されていますので、手順にしたがって必要な情報を入力していくと、やるべきことや、取るべき書類を順番に指示してくれます。専門家への依頼までやってくれますので、意外と簡単に法人が設立できます。

土地の売買契約をする際の留意点

売主に買付証明書の提出をして、売主と価格、条件等で合意ができますと、土地の売買契約となります。

詳細な流れは、仲介をする不動産会社が案内をしてくれます。ここでは、土地の売買契約における留意点をお伝えします。

■融資を依頼する銀行を絞っておく

一般的に、売買契約は、売主と買主が揃って契約内容を確認し、売買契約書に署名捺印

■売買契約書に記載される内容

・売買物件の内容（住所や面積等）
・売買代金、手付金の額、支払日
・土地の実測
・所有権の移転と引渡し時期
・固定資産税、都市計画税の精算
・手付解除
・ローン特約
・瑕疵担保責任　　　　　　　　　　　　など
（不動産会社や契約内容によって違います）

をしていきます。売買契約書には、主に上図のような内容が記載されています。

これらが記載された内容を確認し、問題がないことが確認できたら、署名捺印をします。

留意するべき点は、融資をしてもらう金融機関の選定を余裕を持って進めておくということです。

売買契約をした後に、金融機関への融資依頼をする必要がありますが、土地の売買契約をする前段階で、融資を依頼する金融機関を数社に絞っておき、最終的にどの金融機関にするかを決定すればよい、といったスケジュールで動かないと、引渡し時期に融資が間に合わなくなる可能性があります。

本当に融資が受けられるのだろうかと売主や不動産会社が不安になってしまい、買付を入れてきた競合相手を控えとして準備されてしまったり、自分より後から高い金額を提示してきた競合に物件を奪われたりするのを避けるためです。

■手付金を払っただけで安心してはいけない

土地の売買契約時における支払いに関しては、「手付金」の支払いと「仲介手数料」の支払いがあります。

手付金の額についての決まりはありませんが、一般的には売買金額の5～10％ぐらいといわれています。手付金は引渡し時に土地の代金に含めて精算されます。

気をつけておきたいことは、土地の売主が高利回りの新築アパートをつくることができることに気がついたり、他に高く購入してくれる人が現れた時に、売買契約を解除されたりする可能性があることです。

この時、民法上では、売主は買主からもらった手付金を倍の金額にして返すことで、契約を解除することができます。

つまり、手付金を倍にして返したとしても、それ以上に利益が上がる買主候補が現れた場合に契約解除になる可能性があるということです。

そのため、手持ちの現金の額にもよりますが、手付金の金額については契約解除にならないような金額を考えて支払うとともに、売主が他の買主候補によそ見をしないよう、不動産会社にしっかりとグリップしてもらってください。これには不動産会社との連絡を密にすることが重要となります。

不動産会社への仲介手数料の支払いに関しては、契約時に半額を支払い、引渡し完了時に残りの半額を支払うケースが多いです。

金融機関との金銭消費貸借契約で考えること

現金で土地を購入することはあまりないでしょうから、土地の契約が終わると、融資をしてくれる金融機関を決定することになります。

金融機関の見つけ方や金利・融資期間の考え方については第6章を参照してください。ある程度のめどをつけておかないと、ここからのスピードで競合に負けてしまうことにもなりかねません。

そこで、ここでは金融機関がほぼ決まっており、契約に向かう際の注意点についてお伝えします。

金融機関を数社に絞り、どの金融機関にするのかを検討する際の判断材料としては、２つのことを重視しています。

１つは、**「こちらの思いをくんでくれた融資条件であるか」**です。

初めての不動産投資で、かつ新設法人で融資を受けようとする場合、いきなり好条件での融資は難しいかもしれません。

そのような中でも、こちらの思いを踏まえて融資条件を考えてくれる金融機関は、今後長く事業を行っていくうえで貴重なビジネスパートナーとなります。

例えば、「金利を下げるよりも融資期間をのばしてほしい」とか、「有事の際を考えて自己資金は手元に置いておきたいため預金で対応できないか」等の希望を伝えてみて、担当者が融資条件を調整してくれるようなケースです。

私が実際に対応してもらえたケースは、当初、融資金額の１割負担を求められましたが、私としては自己資金を温存しておきたいので避けたいところでした。

そこで、その旨を伝え、再度検討していただいた結果、当初よりも金利が0・2％上がりましたが、自己資金1割分の負担がなくなり、代わりに融資金額の1割分を定期預金に預けることで金融機関と合意することができました。

金利は上がってしまいましたが、月々の返済は許容できる範囲であったことや、今後他の物件を購入する際に提示する自己資金を減らさずに済み、お互いにウィン・ウィンな契約をすることができました。

もう1つは、**「継続的に融資を受けていくことができるか」**です。

これに対する回答は、「融資が受けられる」が最も好ましいのはもちろんですが、それよりも、こちらが不動産事業を継続し拡大していきたい中で、継続的に融資を受けるためにはどのような法人（決算）の状態になっているのがよいのかを、正直に伝えてもらえるかが判断材料になります。

初めて不動産投資を行う時は債務のない状況なので、初回の融資はなんとか通ります。しかし、次回の融資については次の物件次第といわれ、明確に答えてもらえないケースがあります。

そのような金融機関よりも、明確に「3年間は運用実績を見せてください。その収支が問題なければ融資は出せます」といってもらえる金融機関のほうが、どのような条件であれば融資が受けられるかがわかりますので、継続したビジネスパートナーとして付き合っていくことができます。

土地の引渡しの際に必要な費用

土地の売買契約が完了し、法人の設立と金融機関との金銭消費貸借契約を締結したら、いよいよ土地の引渡しとなります。

引渡しでは、土地の残代金の決済、所有権の移転登記、税金の精算を行います。そのため、以下の支払いが発生しますので、オーバーローン（148ページ参照）で融資を受けているのではない場合は、その資金を自分で準備する必要があります。

・印紙税
・登録免許税

・司法書士費用
・固定資産税精算金
・仲介手数料

2 建物の建築について

建築会社との請負契約の注意ポイント

土地の引渡しと同時期に行うのが、建築会社との建築工事請負契約です。ボリュームチェックと概算を行い、土地購入の意思が固まった時点で、建築会社には次の2点を確認しておくとよいでしょう。

①アパートはどのような仕様（外壁、内装、バス／キッチン・洗面台の大きさ・色・機能

など）で建てるのか
②請負契約はどのような内容になっているのか

①アパートはどのような仕様で建てるのか

1点目は、建築会社がアパートを建築する時に、どのような仕様で建築するのか、の確認です。

理由は、建築会社によって建築費用に含まれている内容が異なっているためです。

標準仕様には含まれず、別途費用がかかる内容を明確にしてもらいます。

よく聞く、建築費用に含まれない内容は、外構費用、水道加入金、ガス・水道引込み工事、エアコン、照明、カーテンレール、地鎮祭等があります。

建築会社は請負契約をしてしまうと、後はコストを抑えて利益を出そうとするのが普通なので、そのような意味でも工事の仕様の確認は、事前にしっかり行っておくべきです。

私の場合、建築の仕様を明確にしないまま建築費の坪単価のみを確認して請負契約をしてしまった経験があります。そのため、後で建築会社と仕様についてもめたことがありました。

具体的には、建築途中に建築会社から水道引込み費用として90万円近くの請求がありました。

契約書には水道加入金は別途という記載がありましたので、引込み工事に関しては当初費用の範疇との見解を不動産仲介会社経由で伝えていただき、なんとか支払わずに済みました。

建築会社が納得してくれたのでよかったものの、契約書では費用の範疇であるとも記載されていませんでしたので、費用は折半でといわれる可能性もありました。

②請負契約はどのような内容になっているのか

2点目としては、建築費用を支払うタイミングと契約内容の詳細を確認することです。

私は過去、請負契約を交わす前日（正確には当日の深夜2時）に断ったケースがありました。

あるハウスメーカーの建築条件がついた土地を購入しようとした際に、ハウスメーカーの請負契約の内容を確認すると、着手時に建築費用の30%、上棟時40%、完成時に30%を

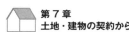

支払うことになっていました。

大手ハウスメーカーにはよくある支払いのタイミングのため、その部分は許容できたのですが、問題は、請負契約の中に「建築時に天災が起きて建築途中の建物に被害があった場合、ハウスメーカー側は（契約書上は）責任は取れない、発注側の責任になる」旨の文言があり、それを変えることはできないといわれました。

建物が完成していないのに発注側の責任になることは、請負契約としておかしい旨を伝えて、せめて両者協議のうえで決定する文言に修正していただくよう、こちら側も譲渡した提案を行いましたが、結局両者の意見は合意できず、断りの連絡をした経験があります。

もう1つ、発注側としてこだわらなければならない箇所は、引渡し日を契約書に記載することです。

請負契約を締結後、建築確認の期間が延びたり、天候により建築が当初の想定よりも遅れたりすることはよくありますので、工期は多少ずれ込む可能性があると認識しておいたほうがよいと思います。

ただ、アパートの建築では、完成予定に合わせて入居の募集を行いますので、完成遅れは致命傷になってしまいます。

とくに2月から3月くらいに完成予定と考えていた場合、1か月間工期が遅れたりすると、大事な入居付けの繁忙期を逃してしまいます。また、賃貸借契約をして入居が決まっている場合は、クレームや損害賠償の問題にもなります。さらには物件への紹介を賃貸仲介会社が嫌がるようになってしまう可能性もあります。

そのようなことを防ぐためにも、引渡し日を明記し、建築が遅れている場合は、引渡し日までにいまの人数で間に合うのかを確認して、必要であれば人員を追加で投入してもらい、間に合わせるよう動いてもらう必要があります。

周辺住民への説明・挨拶は必ず行う

請負契約が完了しますと、いよいよ建物の建築へと移っていきます。ここまで進みますと、大家が直接何かをすることはほとんどなくなります。ただし、建築が円滑に進んでいくよう、大家が動いておいたほうがよいポイントがあります。

通常は、建築が始まる前に、建築会社が周辺住民に対してどのような建物を建てるのか、工事車両や騒音で迷惑をかける旨の挨拶を行いますが、行っていないケースもあります。そのような場合は、面倒くさいと思わずに大家自らが積極的に挨拶にうかがったほうがよいです。一人で行くのが心細いのであれば、建築会社に声をかけて一緒に訪ねるようにします。

私の場合、建築会社が事前に説明をしていなかったため、周辺住民から西日が当たらなくなってしまうとの苦情が入りました。しかし、当然のことながら建築基準法上は問題のない設計でした。

一時は裁判をするしないといったところまで話がこじれましたが、幸い、周辺住民の方が自ら調べて法律上の問題がないことを知り、裁判になることはありませんでした。

結局、何度か菓子折りを持って挨拶にうかがい、相手のいいたいことを真摯に聞いて、今後何か気になることが出てきた際の連絡先として、土地の売買をしてくれた不動産仲介会社の担当者に間に入ってもらったことで住民の方の怒りも収まり、無事に建築することができました。

理論上は法律に則って設計しているので問題はありませんが、**事前の挨拶や説明があればそのような事態にならずに済んだ**ことなので、周辺住民への挨拶の重要性を感じました。

職人さんへの挨拶と進捗確認は信頼感を生む

時々、職人さんへの挨拶をかねて、進捗状況の確認に行くことには2つの意味があります。

1つは、顔なじみになることで職人さんがこの大家（施主）のために、いい建物にしようと丁寧な仕事をしてくれる可能性が少しでも上がることです。もし、冬の寒い現場で、自分が作業している時に、暖かいお茶を持ってきてくれたら、大家に対する印象が多少なりとも変わると思います。

誤解がないように伝えておきたいのは、職人の方々は何もしなくても十分な仕事をしてくれます。さらに、少しでも気持ちよく仕事をしてもらうための活動です。

私は建築しているアパートを定期的に見に行きました。

そうした時、現場監督から設計書ではこのように書いてありますが、現実は難しいため壁の一部をへこまして対応しています、といった素人では見分けのつかない部分についても、工事の途中途中で説明してもらうことができました。

現場監督も設計書と違う箇所を伝えることができ、両者の認識共有ができたため安心感もあったと思います。

また、そのような設計書と違う事態が発生した際には、大家から判断を任せてもらえているといった信頼関係をつくるうえでも有意義でした。

信頼関係ができたことで、設計図では詳細が決まっていなかった部分についても、現場監督の経験から仕様に関する提案をしてくれて、結果として最高の建物を建てることができました。

もう1つは、現場で疑問に思ったことや確認したい部分を素人ながら見たり、質問したりすることで、工事に手を抜けないと感じてもらうことができます。

職人といえども人間です。ないに越したことはありませんが、さぼってしまったり雑になってしまったりすることもあるかもしれません。

一度も現場を見に来ない大家（施主）であれば、余計に起こる可能性が高まります。施主が見に来るからこそ、建築途中の仕事はさぼれないし、現場をきれいにしておかなければならないと思うものでしょう。

もう1つの経験としては、私が建築途中に訪ねた時、すでに外壁がついていて内装へと工程が進んでいました。

しかし、外壁が当初の打合せで決めた色とは異なる色のものが張られていました。打合せで決めた内容でつくられるのが当たり前と思うかもしれませんが、事実このような間違いが起きることもあります。

完成してから指摘しても、納期が遅れるか外壁の色を諦めるかになってしまいます。そのような意味でも、途中の確認は重要だと感じました。

完成時の最終確認で必ずチェックすること

建物が完成したら、引渡し前の最終確認です。

大家として、数か月間かけて企画してきたプランがようやく出来上がりますので、オーナーになった感動から最終確認は形式的になりがちです。

しかし、この最終確認でＯＫを出すということは、この建物の内容で問題ないと宣言することであり、大変重要なポイントです。

そのため、次の部分は最低限確認してほしいと思います。

■床、壁の汚れ・傷

最もよくあるのが、床や壁などの汚れや傷です。

アパートをつくり上げるまでには、色々な業者が出入りをします。持ち込んだ部材や作業によって、汚れや傷がついてしまうことはあり得ます。たいていの汚れは掃除をすることで綺麗になります。ただ、壁のクロスに何かがぶつかって傷がついていたりすることがまれにあります。その時は、貼り直しをお願いする必要があります。

■ドアなどの可働確認

次に確認したい箇所は、部屋のドア・窓、キッチン・洗面所・お風呂・クローゼットの扉の可動確認です。この確認を怠ると、入居者が住み始めた後にクレームとして連絡が来てしまいます。

可動の調整は容易にできますので、後々のクレームにならないよう、先に手を打っておくべきです。

■可動部分の干渉

扉の可動確認と合わせて行いたいことが、扉の開閉によって壁や他の扉への干渉があるかどうかの確認です。

本来でしたら、設計書の時点ですべての扉の可動を考え、干渉があるのかどうか確認するとよいでしょうが、そこまで精緻な設計書を作成して建物プランを調整していくような時間は、サラリーマンをしているのであればとれないと思います。

ですので、干渉している箇所を確認し、機能に問題がないようでしたら、干渉している部分を傷つけないようにするポッチ状のシールをつけてもらうなどしましょう。

そうすることで、入居者が住み始めてぶつかったとしても壁や扉が傷つかず、早々に修繕をする必要がなくなります。

■電気関係の稼働

最後は、電気関係の稼働確認です。

私の場合、賃貸後早々に入居者からＩＨキッチンがつかないとクレームを受けました。完成早々の設備不良かと思いましたが、原因はキッチンのプラグがコンセントに差し込まれていなかったためでした。

室内の照明スイッチは確認していましたが、キッチンは当然動くものと思い込んでおり、確認を怠ってしまいました。

これらの確認は、現場責任者が最終確認の前に一通り行っているのが一般的ではありますが、改めてオーナーも確認する必要があると思います。

こうしたチェックを部屋ごとに行い、不備があった箇所は引渡しまでに直してもらうよう依頼しましょう。その箇所の直しを確認して、はじめて引渡しを受けることになります。

もう少し知りたい

賃貸借契約で入居をコントロール

「賃貸借契約」は、入居希望者と大家がどのような条件で部屋を貸し借りするのかを定めた契約です。契約の内容はどの物件でも同じにするものと思われるかもしれませんが、同じにする必要はありません。

大家のリスクを踏まえつつ、長期入居をしてくれる内容にすることが重要です。

例えば、関東の場合、賃貸借契約の期間は2年間にすることが多いです。2年間は入居してもらうことを想定してリフォームや広告費等の経費をかけているにもかかわらず、短期間で退去されてしまう場合があります。

入居者は事情があって退去されるのですが、短期間で退去されてしまいますと、次の募集にかかる仲介手数料や広告費がすぐに発生してしまいます。

そのような状況をなるべく避けるために、短期（1年以内）での退去の場合には違約金（家賃の1か月分など）を支払っていただくことを契約書に含めることもできます。

これにより安易な退去を防ぐとともに、仮に短期退去になってしまった場合でも、支払ったクリーニング代や広告費などの費用の一部を回収することができます。

当然、契約の際には、これらの特約をしっかり説明してもらうよう、管理会社に伝えておくことも大事です。

第8章

建てたあとが勝負！
投資利回りを上げる入居付け

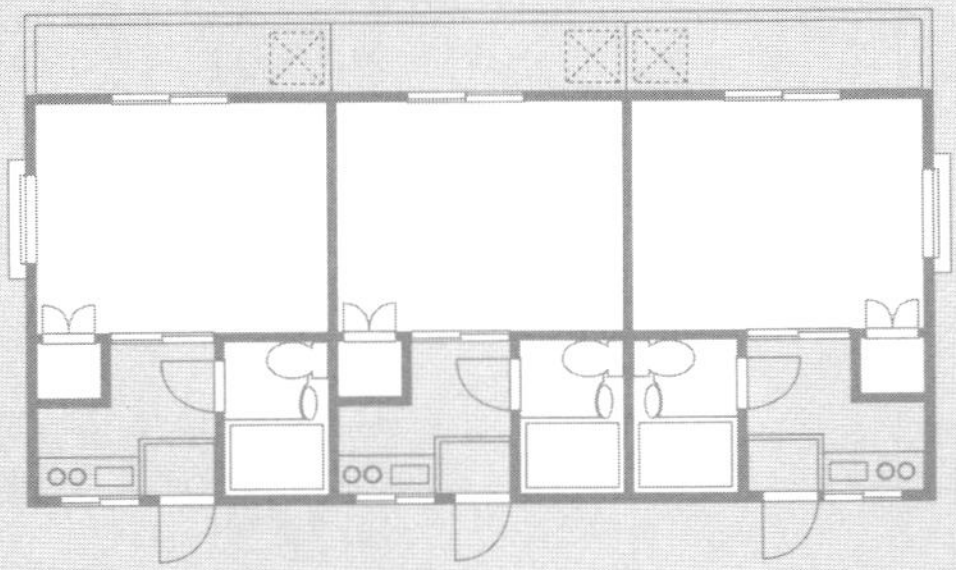

前章までは、アパートを建てるための手順を説明してきました。

よい土地を見つけて、魅力的なアパートを建てるのは、稼げるアパート投資をするうえでの片輪（利回りの計算式の分母＝物件価格）です。もう片方の車輪は、家賃収入です。

家賃収入は、利回りの計算式の分子なので、ここを上げることにより、利回りを最大化することができます。

入居者の募集方法によるメリット・デメリット

家賃収入を得るためには当然ですが、入居をして家賃を払ってもらわなければなりません。そのためには、入居者を募集する必要があります。

入居者を募集する方法は、大きく次の3つに分けられます。

①大家→管理会社→客付会社→入居希望者
大家は、管理会社と管理業務委託契約を結びます。

管理会社は、入居希望者を集客している客付会社に広く入居付けを依頼します。部屋の案内から契約の意思確認までを客付会社で行い、賃貸借契約は管理会社が行う仕組みです。

②大家→客付会社→入居希望者

大家が直接、客付会社に入居付けを依頼し、部屋の案内から契約の意思確認、賃貸借契約までをしてもらう仕組みです。

③大家→（管理会社）→入居希望者

大家が直接、入居者を募集するサイトに部屋の情報を載せ、入居者の募集をします。部屋の案内から契約までをサイト運営を行っている会社と契約している業者が行います。管理会社が入る場合は、賃貸借契約は管理会社が行う仕組みです。

「客付会社」は、ＳＵＵＭＯやライフルホームズ、アットホームなどのようにネット上に部屋情報を載せ、入居希望者を集めて、入居希望者へ部屋を紹介する役割を担います。

客付会社の収益は、賃貸契約が結ばれた時に支払われる入居者からの仲介手数料が主です。その他に入居時に契約する保険の代理店手数料や、大家からの広告費の支払いなどがあります。

「管理会社」は、募集業務、契約業務、物件管理業務、家賃収納業務、入居者対応業務、退去手続き業務といった物件に関するすべての業務を大家の代理で行います。

募集業務については、先ほどの客付会社の募集業務と混同してしまうかもしれませんが、管理会社の募集業務とは、この客付会社に募集を依頼することとなります。

管理会社自身が賃貸募集サイトに部屋情報を載せて入居希望者を集客するケースも時にはあります。

①「大家→管理会社→客付会社→入居希望者」のメリット・デメリット

この仕組みで募集するメリットは、大家が行うべき物件に関する様々な業務を管理会社が代行してくれますので、大家にかかる負担が最も少なくなる点です。

入居希望者の募集から、入居者が決まった際の契約業務まで管理会社と客付会社で行ってくれます。

逆にデメリットは、広告費を客付会社に支払うほか、管理会社へ契約業務に対する事務手数料を支払う必要がありますので、どうしても客付時の費用が高くなってしまいます。

■入居者募集の3つの仕組みの違い

①大家→管理会社→客付会社→入居希望者
- メリット…大家にかかる負担は少なくなる
- デメリット…広告費、手数料等の費用が増える

②大家→客付会社→入居希望者
- メリット…募集条件を柔軟に設定できる
- デメリット…客付会社との交渉を自分でやる必要がある

③大家→（管理会社）→入居希望者
- メリット…入居希望者と直接交渉できる
- デメリット…広く募集できない

もう1つのデメリットは、入居希望者から家賃や条件に関する相談があった際に、客付会社から管理会社経由で大家にまで相談が来るようなケースはあまりないことです。そのため、入居希望者に柔軟な対応をすることが難しくなってしまいます。

②「大家→客付会社→入居希望者」のメリット・デメリット

メリットは、管理会社が間に入らないので、客付会社に募集条件を柔軟に設定して伝えることができます。

「○○円までの家賃交渉には応じるので、入居を迷っている希望者がいた時は背中を押してください」といった要望を伝えられたり、「入居希望者が何か条件を出してきた際は、

検討するので連絡をください」ということが伝えられます。

募集条件を柔軟に設定できることは、入居者を早期に見つけるための大きなメリットです。

客付会社に広告費（ADともいわれる、募集サイトに部屋情報を掲載する際にかかる費用）を支払うことで、募集のみならず契約業務も行なってもらえるケースも多いです。

また、客付会社から入居希望者の反応を直接聞くことができます。そのため、初期費用（仲介手数料・敷金・礼金・カギ交換代・保険料・保証料等）が安いほうが訴求力があるのか、家賃が安くなったほうが訴求力があるのか等を聞くことができます。

一方、デメリットは、複数の客付会社へ周知するために、自分で店舗を1軒ずつ訪問し、募集の依頼を行わなければならないことです。そして、客付会社からの空室確認や条件交渉などの相談・連絡に直接対応しなければなりません。

客付会社からの連絡は、昼間・夕方・夜間を問わずありますので、日中に電話を受けることができない職種の方は難しいかもしれません。

連絡がつかないと、この大家の物件は問い合わせをしてもつながらないから紹介するのをやめておこうなどと、客付会社に悪い印象を持たれてしまいかねません。そうなると、かえって入居者を決めるのが難しくなってしまいます。

③「大家→（管理会社）→入居希望者」のメリット・デメリット

メリットは、②と同様に管理会社が集客段階で間に入らず、直接入居希望者との交渉ができることです。

条件も柔軟に設定できますので、「通常の家賃だと○○円ですが、家電付きだと△△円です」というように、オプションを提案することができます。

通常の客付会社や管理会社が部屋の情報を載せている賃貸募集サイト（ＳＵＵＭＯやライフルホームズ、アットホーム等）では、家電付きの家賃で掲載してしまうと、家賃の上限を設定して検索をした際に検索結果から漏れてしまったり、家電付きなので実はおトクだとしても家賃金額が一人歩きして「高い」という印象を持たれてしまう恐れがあります。

大家が直接募集するサイト（「ウチコミ」等）であれば、オプションなどを大家が自由に記載することができますので、少しでも家賃を上げるためのプランとして入居希望者に提案することができるようになります。

一方、デメリットは、「ウチコミ」などの直接募集をするサイトの知名度が、ＳＵＵＭ

Oやライフルホームズ等のサイトとはまだまだ差があり、サイトを訪問してくる人が少なく、見られる回数が少ない点です。

この方法は、他の方法と併用することができますので、①もしくは②の募集方法と一緒に行なっていくのがよいと思います。

次に、過去の募集時に行ってきた、収入を最大化するための方法をお伝えします。このノウハウは新築に限らず、中古でも活用できる内容ですので、ぜひ参考にしていただけたらと思います。

初期費用を分割払いにして負担を減らす

入居者が引っ越しをしようとする際には、様々な費用が発生します。

賃貸に限った費用だけ考えても、仲介手数料、敷金・礼金、保証料、カギ交換代、当月家賃、次月家賃があります。

さらに、引っ越し費用や、場合によっては新しい家具・家電、食器や日用品をそろえる必要があり、意外にお金がかかります。

入居者はそれらの費用も含めて考えて入居先を探していますので、少しでもその費用に対して提案ができると入居してくれる可能性が高まります。

不動産に関する初期費用を大家が立て替えて支払い、その立て替え費用をアパートの賃貸契約期間で分割して家賃に含めることで、入居者としては契約初期の大きな出費を先延ばしにすることができます。

例えば、初期費用が12万円かかる場合、契約期間の２年間（24か月）で割り、１か月あたり５０００円を家賃に上乗せします。

月々の支払い額は増えますが、引っ越しを急いでいる場合や、新学期・新年度で急きょ引っ越しが決まった場合など、持ち合わせがないケースもあります。そのような入居希望者にとっては、とても魅力的な提案になります。

万が一、契約期間中に退去することになってしまった場合は、残った費用を一括返済してもらう旨を賃貸借契約の特約として記載しておくことで、初期費用を回収できなくなるリスクに対処することができます。

■「収益還元法」（直接還元法）の計算例

年間の純収益（総収益－運用コスト）÷還元利回り
＝不動産価格（収益還元価格）

〈例〉

純収入：500万円
類似物件の取引事例：利回り10%

計算式：
500万円　÷　10%　＝　5,000万円……不動産価格

また、副次的な効果として、物件を売却する際に売却価格を大きくできる効果があります。

どういうことかといいますと、売却価格を決める際の評価方法の1つである**「収益還元法」**に**「直接還元法」**というやり方があります（収益還元法には、ほかに「ＤＣＦ法」という不動産の将来利益から現在の不動産価値を計算する方法もあります）。

直接還元法は、ざっくりいうと、年間の純収益を周辺の取引事例や販売中の類似物件の利回り（還元利回り）で割り戻して、売却価格を決めるやり方です（上図参照）。

その物件がどのくらいの収益を生んでいるか、将来も生み出すかという観点から不動産価格を決める方法です。

初期費用を分割して月々の家賃に含めることで、先ほどの計算式の純収益額が増加します。結果として売却価格が大きくなることになります。

１か月のフリーレントをつける

引っ越し等の初期費用を分割して支払ってもらう以外に、当月家賃や次月家賃の負担を減らすことで、入居者の負担が少なく引っ越すことができるようにします。

４月から転勤や新生活が始まるような場合、４月より少し前から契約をして引っ越しや模様替え等をしなければなりません。まだ住んでいないのに、２月からの契約になると２月、３月の家賃を払いたくないと思う方は多いと思います。３月からでも同様でしょう。そうした考えの方に対して、２月、３月の家賃をもらわないようにするのです。家賃は４月から発生しますので、損をしないことをアピールできます。

大家にとっては、初めの家賃収入が入らないので初期は若干のマイナスになりますが、家賃を下げることを考えるくらいでしたらフリーレントのほうがよいです。

理由は、先ほどの初期費用の分割払いで述べたように、家賃を下げると売却価格を減らしてしまうことになりますが、フリーレントは家賃を下げているわけではありませんので、売却価格が低くなることはありません。


例えば、5万円の家賃の部屋に入居希望者が月額2000円の家賃減額を要望してきた際は、1か月分のフリーレントをつけることを提案しましょう。

月2000円減額すると2年間の家賃の減額の合計が4万8000円になるのに対して、1か月分＝5万円のフリーレントのほうが入居希望者にとって2000円の得になります。

大家は、家賃を減額した場合、194ページの収益還元法の計算式によって不動産価格が30万円のマイナスとなります。

2万4000円（年間減額分）÷8%※＝30万円
※利回り8%とする
それであれば、2年間で2000円損しても、フリーレントにしたほうがよいと判断できます。

家電付きにする

初期費用の分割と同じ考え方ですが、不動産に関する費用ではなく、生活が始まってからかかる家電の金額を月々の家賃で支払っていただく方法です。

引っ越し後に購入する家電製品を大家から提供することにより、入居者は引っ越し後に必要となる家電を購入する費用の支払いを分割払いにすることができます。

例えば、冷蔵庫と洗濯機のセットが家電量販店で４万～５万円程度で売られています。１か月あたり２０００円を家賃に上乗せすることで、２年間の賃貸で４万８０００円を追加で得ることができ、大家が購入時に支払った金額はほぼ回収することができます。

さらに家賃が上がるということは、売却価格が上がるということであるのは、前述した通りです。

注意点は、賃貸借契約には残置物《ざんちぶつ》としての提供である旨を明記し、壊れた際は大家側に提供責任がない形をとるようにする点です。したがって、２年目以降の退去の際にはそれらの家電製品を持って行っていただきます。

モデルルーム化して印象をよくする

モデルルーム化とは、なかなか借り手がつかない部屋に家具や家電を置いてモデルルームにすることです。入居付けの際には、この部屋を案内してもらいます。家具や家電を置くと、賃貸サイトでの見栄えや内見時の印象をよくする効果があります。

さらには、入居者にその家具などを提供できるようにしておくことで、入居希望者にとっては引っ越しの際にかかる初期費用を減らせる効果があります。

モデルルームにかける費用は、内容にもよりますが1万～2万円程度にしておけばよいと思います。

入居者がつかないため家賃を下げたり、広告費の金額を増やすよりも、家具を提供することにより入居してくれるのであれば、安い投資と考えられます。

注意してもらいたいのは、先の「家電付き」も同様ですが、これらの家具、家電製品をプレゼントなどにしてしまうと、「景品表示法」に触れる可能性があることです。景品にしてよいのは不動産の場合、「取引価額の10分の1」までの金額のようです。

ギフトカードで家賃の減額分を先渡しする

入居者の募集をしていますと、時に家賃減額の相談が管理会社や客付会社からあります。新築とはいっても現在は売り手市場ではないので、相談にも柔軟に対応する必要があります。

例えば、１０００円減額の家賃相談が入った際に私が逆に提案するのは、２４０００円（１０００円×契約期間24か月）分をギフトカードでプレゼントするので、家賃はそのままにさせていただくという提案です。

入居者としては契約期間に得られる便益（１０００円の減額効果）を初めに得られるので受け入れやすいのです。

この家賃減額分のギフトカード提供は、フリーレントの効果と一緒で、家賃の減額を防ぐことができます。

１０００円の減額の場合でも、１万２０００円（年間減額分）÷利回り８％＝15万円の売却価格の減少を防げたと考えることができ、大家にとっては大きな金額です。

ただし、この方法も先ほどの「景品表示法」に引っかかる可能性はあります。ギフトカ

■入居付けで家賃を下げないための方策

家賃を上げる	家賃を下げない
・初期費用の分割	・フリーレント
・家電付き※	・ギフトカード※
・光インターネット（202ページのコラム参照）	・モデルルーム※（家賃交渉に対する抑制）

※「景品表示法」に注意。

ードは、プレゼントではなく交渉した結果の値引き代わりでもあるので、不当表示なのかどうかはグレーゾーンではあります。しかし、こうした法律があることは知っておかなければなりません。

これまでに取り上げた取り組みを整理すると、上図のようになります。

このような取り組みを行うことで、月々のキャッシュフローを少しでも増やしていきます。

不動産投資といいますと、数千万から数億のお金が動き、不労所得というイメージを持ちますが、全体で見ると大きい金額も、1部屋数万円の家賃の集合にほかなりません。

その数万円の家賃を数千円でも上げたり、逆に下げないようにすることが、全体として大きなお金になるのです。

その他の取り組みとしては、自動販売機の設置があります。自動販売機は場所によって売上げが大きく変わってきますので、必ずしも大きな売上げが見込めるものではありません。

私の場合、物件からの収入を少しでも増やすために自動販売機を設置しました。

物件自体は住宅街にあり、コンビニまでは歩いて8分程度かかりましたので、入居者のみならず周りの住民の方にも買いに来ていただいています。

自動販売機の売上げは季節によって変動があり、夏や冬は多少の利益が出ますが、春や秋は電気代とトントンぐらいです。

それでも設置している理由は、収入以外の効果として、自動販売機の明かりが防犯に役立っているためです。物件の周りは住宅地ですので、それほど明るい道とはいえません。設置当初から周辺住民の方から明るくなって助かると喜ばれました。

もう少し知りたい

光インターネットの導入について

通常、光インターネットが導入されていないアパートの場合、入居者は管理費として2000～3000円程度を支払い、そのほかに入居者自身で光インターネットを申し込むため月々4000円前後かかり、合計すると6000～7000円になります。

私の一部の物件では光インターネットを導入し、管理費と合わせて5000円で提供しています。

入居者からすると、家賃として光インターネット費用を含めて支払うことにより、月々の生活費が1000円ほど節約できるわけです。

入居者は月々の通信費を節約でき、大家も家賃が増えるので、両者にとって嬉しい取り組みなのですが、どの物件にも有効かというと、そうでもないと感じています。

例えば、別の物件では光インターネットを導入しておらず、入居された方の半数以上は、自分でもインターネットの契約をしていません。

おそらく、日々のインターネットはスマホで足りているか、ポケットワイファイなどを利用しているのだと思います。

物件のエリアと設備次第では、入居する方の属性に違いがあり、インターネット込みよりも家賃額そのものの安さを重視する方もいることを頭に入れておきましょう。

第9章

新築アパート投資で不安になることに答えます

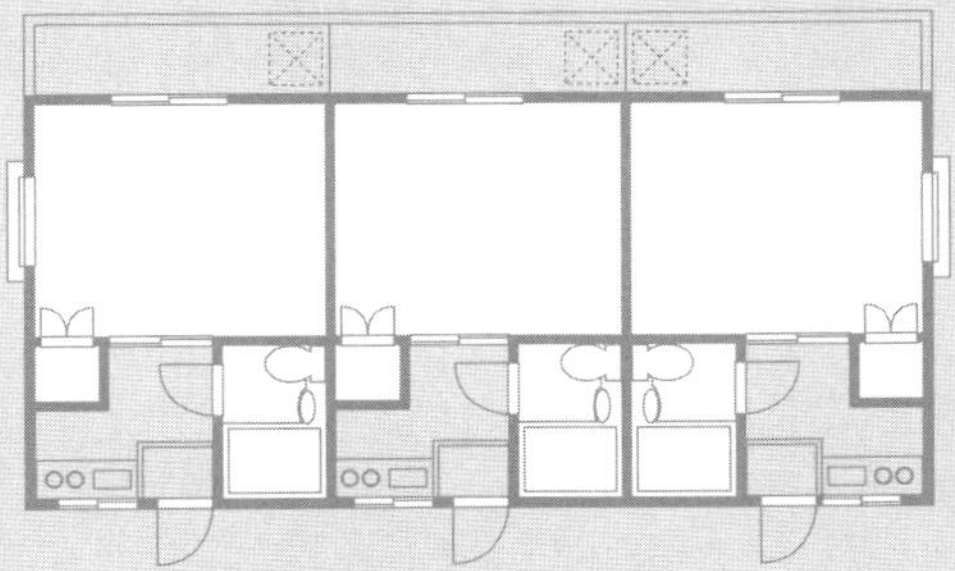

不安1●出口戦略はどう考えたらいいのか

新築アパートを建て、賃貸経営をしながらキャッシュフローを稼いでいきますが、同じアパートを一生持ち続けるということはほとんどなく、どこかのタイミングで売却するのが一般的です。

この「出口戦略」について不安があるのは当然でしょう。

新築アパートの売却を考えるタイミングは、次のいずれかの理由がある時だと思います。

①所有し続けることによって得られる月々のキャッシュフローよりも、売却で得られる売却益が多い

②このまま所有し続けても家賃が下がり続けて月々のキャッシュフローが少なくなり、さらに売却時の価格も下がってしまう

いずれの理由においても、次の判断軸を持つことにより、売却すべきなのかどうかの判断をすることができると思います。

■市場の利回りで売価を計算してみる

市場の投資用不動産の利回りは、金融機関の融資情勢によって上下します。

その理由は、金融機関が不動産投資への融資を多く出す状況になると、多くの方が不動産を購入するようになりますので、投資用不動産の売り手市場となります。

投資用の不動産を買いたい人がたくさんいると、売主は強気になって不動産価格を上げていきます。

月々の家賃額は変わらない、もしくは下がっていくので、不動産価格が上がった分、利回りは下がるわけです。

最近では、２０１６年頃にちょうどこの状況になっていました。金融機関の融資が積極的になり、サラリーマンによる不動産投資が過熱していたことと、相続税対策として不動産が購入されたためです。


売却の判断をするために、市場全体の投資用不動産の利回り動向の確認に加えて、自分が建築した新築アパート周辺における投資用不動産の売買サイトを少なくとも3か月に1回は検索して、売却物件の利回りを継続的に確認します。自分のアパート周辺で売りに出ている物件と同じ利回りで売却した場合、いくらぐらいの売却価格になるのかを計算する

■不動産を売却するかどうかの判断をする計算例

〈例〉

物件の帳簿金額	：5,000万円
物件の家賃収入	：450万円（９％）
物件のキャッシュフロー（ＣＦ）	：150万円
周辺物件の利回り	：7.8％

〈計算例〉

450万円 ÷ 7.8％ ＝ 5,769万円 … 想定売却額

5,769万円 − 5,000万円 ＝ 769万円 … 売却益

→769万円 ÷ 150万円 ＝ 5.1年

→５年分のＣＦを超えているので、売却してよいと判断できる

ためです（家賃収入から逆算します）。

計算した売却額から、帳簿上の金額を差し引くと売却益がわかります。

この売却益が、何年分のキャッシュフローに相当するのかを計算します。私の場合は**５年分の年間キャッシュフローを超えていれば、売却を検討することにしています。**

売却することにより、５年間アパート経営をする分のキャッシュフローを先取りすることができると考えるためです。

何年分のキャッシュフローを超えたら売却を検討するのかは、人によって判断が変わると思います。

私の場合は、不動産投資によって継続的なキャ

ッシュフローを得ることが目的です。キャッシュフローを稼ぐことができる物件を新築したり、中古物件を購入したりするのは簡単ではありませんので、売却によって２〜３年分のキャッシュフローしか得られないのであれば、売らずに保有し続けます。

しかし、不動産を所有し続けるということは、所有による様々なリスク（空室リスク、家賃減額リスク、物件価値減少リスク等）をかかえることになります。

５年間分のキャッシュフローと同等以上の金額を、物件の売却によって得られる際は物件を売却し、得られる金額を確定させて、自己資金を増やした状態にし、新たな新築アパートに取り組むのがよいと思います。

不安２●賃料は下げなければならないのか

毎年、定期的に１〜５月の繁忙期前後の賃貸物件を、主要ポータルサイト（ＳＵＵＭＯ、ライフルホームズなど）でチェックします。

そうすることで、周辺の自分と同じ新築アパートもしくは築浅アパートの増加を確認することができます。

12月ぐらいから、新たに完成したアパートや建築途中のアパートの賃貸募集広告が不動産賃貸のサイトに掲載されるようになります。掲載されている新築アパートや築浅アパートについて、次の３つの観点で市場を調べていきます。

①自分の物件と似た間取りや㎡数の新築アパートが何件くらい募集しているか

新築アパートが新たに１棟建築されるだけで、競合が６部屋など部屋数分だけ増えることになります。

それが２棟、３棟建築されると競合が一気に増えることとなり、新築アパート同士が競って家賃を下げてきます。そうなると、築数年が経過している築浅アパートも、それに合わせて家賃を下げていかないと部屋が埋まらなくなってしまいます。

賃貸需要が高いエリアであれば、数棟のアパートが新しくできても需要が供給よりもあるので影響はありませんが、そうでないエリアの場合は、新築アパートの家賃動向を見ておいたほうがいいと思います。

新築アパートの家賃設定で判断が難しいのは、新築は全室が空室からスタートするので、早く埋めたい動機から賃料を下げているケースがあることです。

この場合は、しばらく他の新築アパートの賃料状況を確認しつつ、自分の物件も同調したほうがよいのか、例外的な家賃設定として捉えていいのかを判断していくとよいでしょう。

②自分の物件よりも条件が少し悪い競合の賃料はいくらなのか

新築アパートを建てた直後は、同じエリアの新築アパートが競合になりますが、建築から数年経つと築年数が同じくらいの物件が競合となってきます。

また、築年数があまり関係なくなってきますので、間取りや設備・駅からの距離と家賃のバランスが入居者の選択条件になってきます。

そのため、自分の物件よりも条件が劣る部屋の家賃を見て、家賃のバランスが自分の物件と比べて妥当かどうかを確認します。

例えば、同じ間取り・設備の物件で、自分の物件が駅徒歩7分で競合の物件が駅徒歩8分であったとします。

部屋を探している人が検索条件に7分を指定して検索してくれる分には競合の物件は表

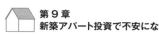

示されませんが、検索条件を徒歩10分に指定して検索した場合、徒歩8分の物件より自分の物件の家賃が3000円も高かったりすると、わずか1分ぐらいなら徒歩8分のほうを選択するかもしれません。

このように、各条件と家賃のバランスを競合物件と比較して、自分の物件の家賃が適正なのか、退去した時にどのくらい家賃を下げなければならないのかを確認しておきます。

③最寄駅と同じ「駅力」の駅と比較する

最寄駅がターミナル駅から何分ぐらいで、駅の近くの商業施設などの駅の魅力（駅力）を考え、自分の物件と同等の駅で似た条件の物件はどのくらいの家賃で募集しているのかを確認します。

なぜこのような調査をするのかといいますと、入居希望者は自分の職場や学校に近いターミナル駅でまず部屋探しを始めます。

家賃との兼ね合いから徐々に周辺の駅の物件を探し出します。その時に、ターミナル駅から同じ駅力の駅が複数あった場合に、ほぼ同一条件であれば、安い家賃の物件を選ぶと思います。

自分の物件の最寄駅では競合が少ない場合でも、同じ駅力の駅周辺で新築アパートができたことにより家賃が落ちていることも考えられます。

競合物件をチェックする際、最寄駅だけを探してしまいがちですが、入居希望者の視点で考えると、もっと広い視点で確認しなければならないことがわかります。

このような観点で自分の物件周辺の賃料相場を調べて、下がった家賃でもキャッシュフローを稼いでいけるのか、現在の家賃と利回りのうちに売却したほうがよいのかを判断します。

注意してほしいことは、不動産賃貸のサイトは募集の家賃ですので、実際の成約家賃は掲載金額より下がっているケースもあることです。多いときは10％ほども下がります。

さらに、募集の繁忙期と、繁忙期後では、募集賃料が大幅に変わってくる可能性もありますので、時期の観点も含めて調べることが必要になります。

不安3 ● 下がっていく賃料にどう対処すればいいのか

一般的に築年数の経過とともに賃料は下がっていきます。とくに新築は、初めの新築プレミアムがついた賃料からの下落があるのが普通です。

私自身も、新築時に入った入居者が退出してから2年目で、10％近くの賃料下落を経験しています。

なぜ、10％も下落したのかといいますと、いくつかの理由があります。

1つ目は、新築時の入居者の契約が3月後半でしたので、2年後の契約更新の時に退去されてしまうと、次の募集や内覧が4月に入ってしまい、部屋探しの繁忙期を逃していました。

2つ目は、私が建てた物件の周辺エリアに新築が多く供給されたためです。新築同士の賃料争いがあり、新築賃料が下がってしまい、その影響を受けて築2年の物件も賃料を下げざるを得なくなりました。

このような外部要因や空室になったタイミングにより、賃料を下げざるを得ない状況になることを踏まえた賃貸経営をしなければなりません。

賃料下落については、次のような考え方をしています。

1つは、元々の新築アパートを建てる際の賃料設定時に、**新築時の家賃設定のほかに周辺の築15年程度までの賃料を調べて、その賃料で金融機関への返済ができるかどうかを計算しました。**

この計算をすることで、当初の想定と違った賃料になった場合でも、調べた物件と似たような場所で似たような間取りの物件であれば、最低限この賃料で貸すことができ、返済が行えると確認できます。

もう1つは、数千円の賃料下落を受け入れて稼働率を上げることを重視しました。

賃料を安易に下げずに据え置きにし、仲介会社が埋めてくれるのを待つ戦略もありますが、その機会損失の額と賃料を下げて稼働した際の金額を比較すると、賃料の下落を受け入れて稼働率を上げるほうが賃料収入は上がります（次ページ図参照）。

また、なるべく賃料を下げないようにするために色々な施策を行なったのは、第8章で

■賃料を下げるか据え置くかの判断は

賃料を下げた時と据え置いた時の２年間の賃料合計の差を考える。

〈条件〉
・据え置いた場合の空室期間は２か月とする
・賃料を下げた場合の空室期間は１か月とする

据え置き賃料：60,000円×22か月＝132万円
下げた賃料：58,000円×23か月＝133.4万円
（空室期間、下げ幅によって計算結果は変わってくる）

述べた通りです。

家賃を１０００円下げると、売却時に計算する収益還元法（194ページ参照）へのインパクトが強くなります。

仮に、利回り９％のエリアの場合、１０００円×12か月÷９％＝13・３万円が売却時の物件評価でマイナスになります。

これが複数の部屋で発生しますと、月々の家賃収入が減るだけでなく、売却時の評価額が下がってしまうことになります。

不安４●債務超過で新たな投資ができなくなるのでは？

新築アパートの場合、金融機関側の積算での評価金額と、実際に売買のために金融機関から借りた金額に乖離があるため（借りた金額のほうが多い）、物件の評価をすると、たいていは債務超過と判断されます。

次ページ図の例では、売買金額が５０００万円なのに対して、路線価で計算すると30万円／㎡×１００㎡＝３０００万円となります。さらに金融機関独自の係数をかけると２１００万円ほどの評価となります。

19ページで述べたように、金融機関は土地の評価を路線価をもとに計算しています。一方で、実際に売買される金額は土地の相場によって、大体の価格が決まってしまいます。稀に相場より安く土地が売りに出されていることもありますが、それでも金融機関の積算での評価のほうが低いことが多いと思います。しかも、賃貸需要が高い都内に近いほど、実際の売買金額と金融機関の評価額との乖離は大きくなります。

■100㎡の土地における売買金額と金融機関評価額の違い

・売買金額　5,000万円（100㎡×50万円／㎡）

・路線価＝30万円／㎡
金融機関の評価額　3,000万円（100㎡×30万円／㎡）
・金融機関の融資評価の際の係数 0.7(金融機関によって異なる)
・3,000万円×0.7＝2,100万円

建物の評価については、金融機関は再調達価額（21ページ図参照）を使って評価します。木造の場合、㎡あたり13万〜15万円で計算しています。

一方、実際に建築会社に建築費用を計算してもらう際は、坪単価や1部屋あたりの建築単価で計算しています。

例えば、20㎡の1部屋あたりの建築単価が500万円だとしても、金融機関の計算では15万円×20㎡＝300万円となりますので、この時点で200万円の債務超過（マイナス）が発生することになります。この債務超過が部屋数分積み上がります。

6部屋の建物をつくると、建築費用は3000万円になるのに対して、金融機関の建物の評価は1800万円となり、1200万円分債務が資産を超過していると見られるのです。

このように土地と建物の評価が乖離して債務超過となり、次の融資を受ける際の足かせになるということです。

この債務超過に対しては、柔軟な考え方・対応が必要だと

思います。

新築アパートを低金利で融資を受けて建築し、元金返済をしていくことで、早期に債務超過額を減らすことができます。

市場に出ている建売の新築アパートよりも安く建てていますので、利回りが高くなっています。家賃から現在の築年数相当の利回りに割り戻し、収益還元法（194ページ参照）で物件価格を算出しますと、建築時よりも高い金額になります。

一定期間、賃貸で運営しつつ、204ページで述べた売却の機会を探って、売却益を狙います。月々のキャッシュフローと売却益を原資として新たにアパートを新築することで徐々に債務超過の額を減らしていくことができます。

つまり、債務超過になることを踏まえつつ、低金利による元金返済と、売却による売却益をつくっていくことで、債務超過の問題を解決しながら買い進めていくことができるというのが私の考え方です。

ある程度、賃貸需要の高い場所で、債務超過にならない中古物件を見つけることは、新築アパートの土地を見つける以上に難しいと思います。

運よくそのような物件を見つけられたとしても、数多くの投資家との競争となり、資金力（現金での買付）や行動力（数時間後に物件を見に行く）、決断力（瞬時に判断する）がないと購入することは大変難しい状況です。

そうなりますと、大半の投資家が購入している中古物件も同様に債務超過になる物件であることになります。

また、逆に債務超過にならない物件を求め、地方にある路線価評価と売買価格が同じ物件を購入するためには、賃貸経営をしていくうえで相当なスキルが求められます。

不安5●新たにできる新築アパートとどう戦っていくのか

土地を最初から所有している地主が建てるアパートと、普通のサラリーマンが建てるアパートでは、賃貸経営をするうえでの戦略が異なります。

地主は、相続税対策や固定資産税の評価額を下げるためにアパートを建てるケースが多くあるようです。

収益目的ではないので、賃貸経営の面倒くさい仕事はせずに収入が入ることを求めています。周辺の賃料を調べて自分のアパートの賃料を調整するなどということはせずに、仲介会社にいわれたから下げる、下げるぐらいなら空室のままでもいいや、といった思考をする地主もいると聞きます。

一方、サラリーマンは収益目的で土地から購入して建物を建てますので、土地分の価格もかかります。

そのため返済の負担が地主よりも上がります。家賃収入から銀行に返済していき、かつキャッシュフローを残そうとしているのですから、家賃を下げられる限度は地主よりも圧倒的に厳しい状況です。

供給過剰のエリアで単純に家賃だけで争っていては地主には勝てません。競合となる地主大家がのんびりとしている間に、**賃貸物件サイトで物件を見ただけではわからないような差別化を図ることが重要**になります。

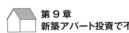

例えば、広告費を増やしたり、初期費用や入居の条件（ペット、外国人、家電等）を柔軟にしたりすることで仲介会社への認知を上げて、内見の増加から成約の確度を上げてい

きます。

新たに同じエリアに新築アパートを建てるのは地主だけではなく、副業投資家も当然います。最近の不動産投資ブームに乗って、建売業者が建てた新築アパートを購入するサラリーマンも数多くいます。

サラリーマン投資家は収益目的なので家賃を下げられないはずなのですが、建売業者が建てた新築アパートでは初期にサブリース（部屋の一括借り上げによる家賃保証制度）が付いていて、サブリース会社が新築段階から家賃を大幅に下げて空室を埋めに行く場合があります。

そうなると、エリアでの家賃相場が崩れて、将来的に収支が合わなくなる可能性が高いのです。

そのようなエリアになってきた際は、そのエリアで競合と無理に戦おうとするのではなく、**戦わない戦略、すなわち売却する方法も**考えましょう。

エリアへのアパート供給が多くなり、家賃が下落していることがわかったのであれば、いまの入居者が退去した場合、利回りが下がってしまうことが想像されます。

それならば、入居者の家賃が高く、利回りが出ているうちに周辺の利回りから逆算した価格で売却するほうがよいかもしれません。

元々、利回りの高い新築アパートをつくっていれば、周辺の利回りに合わせた売却額にすることで、売却益を得ながら戦わない選択をすることができます。

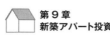

不安６●管理会社には何をどこまで任せればよいのか？

一般的に管理会社の仕事は、募集・契約・入金管理・建物管理（清掃含む）・クレーム対応・退去対応があります。管理会社によって、前述の作業内容と月々の管理費（一般的に家賃の３～５％が多い）が変わってきます。

多くの管理会社の委託内容を聞いた限りでは、契約業務とは別に、清掃に関しては別途料金が発生するケースが多いようです。

そのうえで、管理会社に何を委託するのか、自分で何を行うのかによって、管理会社の選び方が変わってくると思います。

不動産投資を始めたばかりであれば、一旦すべての管理業務を行ってくれる管理会社に任せ、それぞれの管理業務がどのように行われているのかを実際に聞いて学んだほうがよいでしょう。

管理業務を学んだうえで、自分で行えることなのか、やれるかもしれないが手間がかかることなのか、管理会社に任せなければならないことなのかを判断します。

業務内容が一通り理解できたら、2棟目を購入した時の管理は自分でできることは自分で行い、それ以外の業務内容をより安価に行ってくれる管理会社を探すのもよいと思います。

ただし、安価を求めすぎると、サービスの質が低い管理会社も少なくないので注意が必要です。

1棟目の管理会社を選ぶ際は、できれば大家の会やセミナー等で、すでに大家をしている方と出会い、その人が依頼している管理会社からの紹介を受けるほうが失敗する確率が少ないと思います。

近くに大家仲間さんの管理会社がない場合は、物件の最寄駅から一番近いターミナル駅で管理会社を探すのがよいかと思います。

なぜなら、入居付けを行う際、入居希望のお客様が管理会社に直接訪れた場合、自分の物件が近ければ入居希望者に紹介しやすいからです。

また、クレーム対応の際も近ければその分早く対応してもらえますので、入居者の不満を最小限に抑えることができるからです。

不安７●自主管理はできるのか

管理業務についてある程度理解でき、物件で何かトラブルがあった際に依頼できる業者を見つけることができたら、自主管理を考えてもよいと思います。

新築アパートの場合、一度入居付けができてしまうと、月々１万円程度の管理費を払っても実際に行うことはそれほどありません。

管理会社に一番頼りたい入居付け・契約に関しては、客付会社に直接依頼をすることができます（189ページ参照）。募集期間は客付各社から空室の確認連絡が頻繁にきますが、オーナーと直接つながっていて、入居希望者からの要望を交渉・相談できるため積極的に行なってくれます。

建物管理に関しては、入居間もない設備の不備については建築会社が対応してくれます。管理会社に依頼している場合は、修繕は建築会社が対応してくれる旨を伝え、必ず連絡をもらうようにすれば、管理会社から連絡を受け、その旨を建築会社に連絡するだけで対応することが可能です。

管理会社で対応してもらう場合は通常の修繕費用が発生しますが、建築会社に対応してもらう場合は施工責任の範囲で対応してもらえる場合も多いです。

自主管理をしようとした時に最も気になる部分として、入居者からの連絡があると思います。

サラリーマンで日中働いている場合、連絡を受けるのはなかなか難しいです。入居者からの連絡を受けられず、入居者の満足度が下がり、早期の退去につながってしまうのではないかと思われるかもしれません。

しかし、入居者からの連絡については、客付会社に一次対応をしてもらえるよう、相談することが可能です。

入居者からすると、賃貸借契約は客付会社で行なっていますので、何か困ったことがあった場合に相談しやすいのは客付会社になります。

■「くらしのマーケット」のサイト

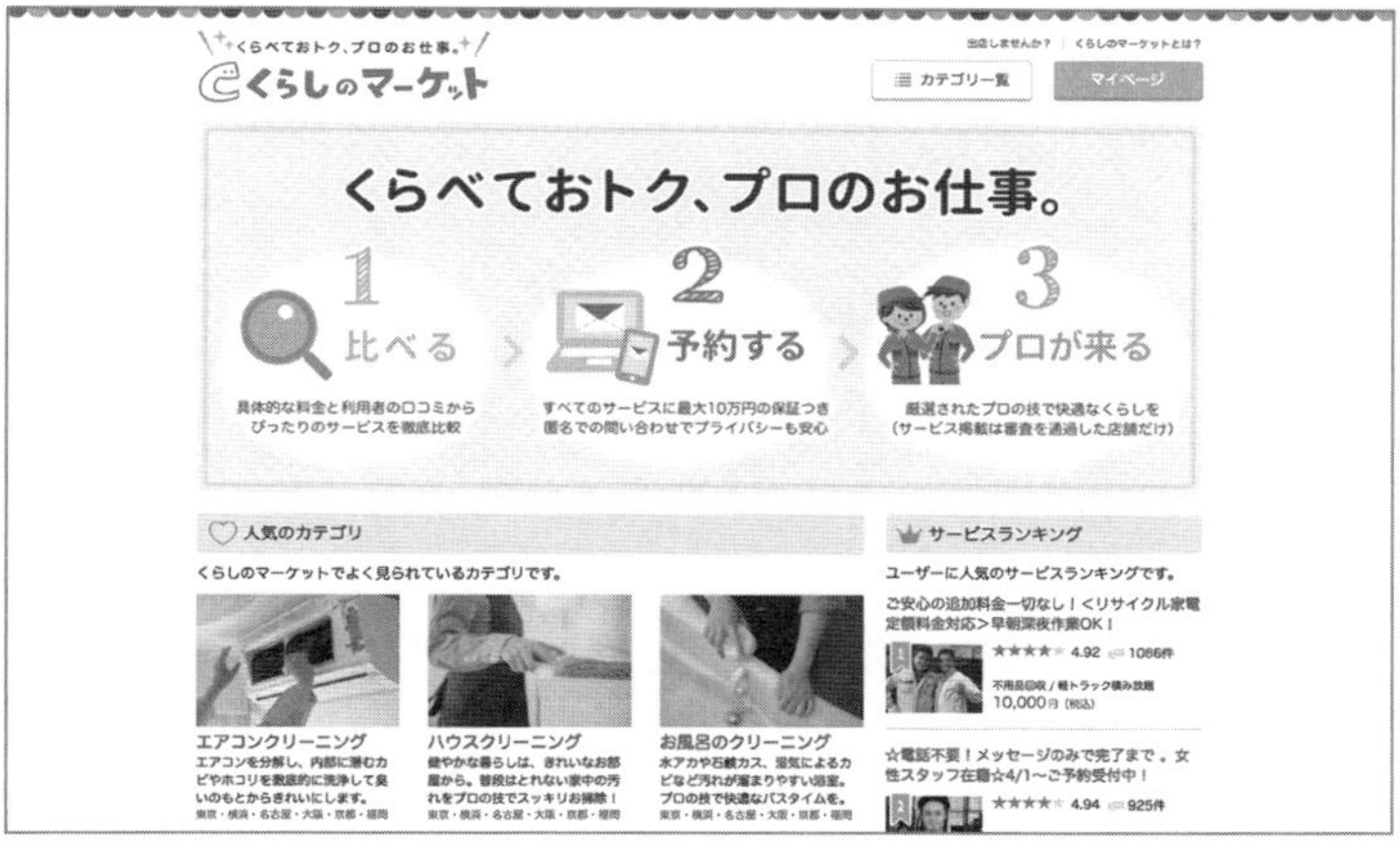

そのため、**入居者からの電話については一次対応だけしてもらい、電話があった旨の連絡をしてもらえるよう依頼しておく**のです。

私の場合、実際に新築アパートの入居者からの連絡は、6部屋あっても1年間に2件あるかどうか程度です。

また、退去時の対応は、基本的には建ててから2年経った以降であり、退去後の空室に客付をしたい仲介会社が対応してくれます。

退去後のハウスクリーニングについては、「ハウスクリーニング　比較　○○○（エリア名）」などとネットで検索すれば、簡単に金額の比較・依頼ができる仕組みがあります。

自主管理は、管理会社に任せるのと比べて時間がとられるのも事実です。

いまの自分の状況が、管理会社に払う月数万円を自らが動いても残す必要がある状態なのか、月数万円を支払っても自分の時間を確保し、次の土地探しや中古物件を探したほうがよいのかを見極め、管理会社に頼むかどうかを考えるべきでしょう。

サラリーマンをしながら大家をしていてとくに感じることは、普段自分が関わる業界と不動産業界では物事の認識や捉え方が異なることです。

そのため、管理会社の業務対応についても同様で、毎回自分が求めている（やってもらえると思っている）対応をしてもらえるとは思わないほうがよいと思います。

自分の要求をきちんと伝えても、やってくれるのが当たり前と思わず、自分の期待値と業者の対応にギャップがある時は、差があった部分とやってもらいたい理由を伝え、可能かどうかを擦り合わせていくことが大事です。

それにより、管理会社から口うるさい大家というレッテルを貼られず、管理会社の業務を理解しながら、物件に対して主体的に動く大家として見てくれることでしょう。

不安８●入居者がいない状態からスタートするのが不安だ

新築アパートのデメリットの1つに挙げられるのが、建築された時点での入居者がまったくいないことです。

そのため、新築アパートにサブリース（220ページ参照）を付けることでオーナー（地主）を安心させて、利回りの低い新築アパートを売る業者もあります。

しかし、それは業者だけが悪いのではなく、いくらの家賃なら問題なく貸すことができるのか、そのためにはいつ頃までにアパートを完成させて、このくらいの期間をとって内覧をさせないといけない、といった逆算での考え方をオーナー自らがやっていないことが問題なのです。

アパートの完成時期をいつにするのがよいのかについては、建築会社との交渉の部分で説明しました（175ページ参照）。

また、適切な賃料の設定は、周辺の賃料相場のヒアリングや新築アパートの家賃調査の部分で知ることができます。

これらをきちんと行うことで、漠然とした不安を打ち消す根拠をもって新築アパート投資に取り組むことができます。

私の場合、マーケットの反応を直に感じたいという思いから、「ウチコミ」(https://uchicomi.com/)という、オーナーが直接部屋の入居者を募集できるサイトを活用しています。このサイトのよさは、入居希望者から直接交渉が入ってきますので、どのようなニーズなのかが直にわかり、それに対して大家自ら提案することができる点です。

入居希望者のニーズは、人それぞれまったく異なります。ある人はとにかく家賃を下げてほしいと伝えてきたり、突然の転勤で手持ちの貯金がないので、家賃は高くてもいいから初期費用を下げてほしいと伝えてきたりするケースもあります。

通常の管理会社経由での募集では、入居希望者が部屋選びで悩んでいる内容について直接聞くことはほとんどありませんので、このようなサイトを使ってニーズを拾い、次の募集や他の部屋が空いた時の募集条件に反映するのはとても大事だと感じています。

新築時の入居者の募集では、このようなサイトも活用して、入居希望者のニーズを確かめながら募集活動をしていくことで、早期満室を実現することができます。

おわりに

最後までお読みいただき、誠にありがとうございます。
本書では、私が経験した新築アパート投資法について、考え方やメリット、行動の手順をご紹介してきました。

不動産投資に関する書籍がたくさんある中で、皆様に私が伝えられることは何かと考えた時に、はじめの一歩を踏み出せた「行動」をお伝えすることではないかと思いました。読まれた皆様が「これなら自分でできる！」「こうやればうまくいく」と思い、一歩を踏み出すきっかけになれることを望んでいます。

ぜひ、実際に行動に移した感想や、ここでつまずいたという意見をいただけると幸いです。新築アパート投資を実践したいと思っている皆様を少しでもサポートできればと思います。

最後に、今回の出版にあたり、様々な方にお世話になりました。この場を借りてお礼の言葉を伝えさせていただきます。

まず、今回の出版の推薦をしてくださった不動産ユニバーシティの志村義明さん。不動産投資仲間としても人生の良き先輩としても刺激をいただいています（歳は私のほうが上ですね）。

次に、執筆の間、私と向き合っていただいた日本実業出版社編集部。編集部の熱意により、今回の出版が実現できたと実感しています。

そして、大事な家族の時間を今回の出版のために協力してくれた妻の佳子には大変感謝しています。日ごろの物件の管理から入居者とのコミュニケーションなど、不動産投資において、とても心強いパートナーです。

皆様のおかげで、今回の出版を実現することができました。本当にありがとうございます。

２０１８年４月

丸川　隆行

丸川隆行（まるかわ　たかゆき）
IT企業に勤めるサラリーマン。IT企業やコンサル会社での勤務経験から、労働集約型の働き方に危機感を持ち、様々な投資を始める。26歳で株式投資を始めるもライブドアショックで3分の1に。次に始めたFXでは資産を2倍にしたがリーマンショックで退場。自己努力で資産を増やせる投資を探した結果、不動産投資にたどり着く。平均的な給料、資産背景のない中、自身で考えた投資法の実践により2014年に利回り10%超えの新築アパートを建築。2017年には利回り9%弱のアパートを建築。築古アパートについても半分空室のアパートを購入し満室にした実績を持つ。現在は自身の経験を活かし、サラリーマンの新築アパートによる不動産投資のサポートを行っている。

書籍の感想や相談はこちらにご連絡ください。
shinchiku.jissen@gmail.com

サラリーマンの僕《ぼく》がやっている
稼《かせ》げる「新築《しんちく》アパート」実践投資法《じっせんとうしほう》

2018年5月1日　初版発行

著　者　丸川隆行
発行者　吉田啓二

発行所　株式会社日本実業出版社　東京都新宿区市谷本村町3−29 〒162-0845
大阪市北区西天満6−8−1 〒530-0047
編集部　☎03-3268-5651
営業部　☎03-3268-5161　振　替　00170−1−25349
http://www.njg.co.jp/

印刷／堀内印刷　製本／共栄社

この本の内容についてのお問合せは、書面かFAX（03−3268−0832）にてお願い致します。
落丁・乱丁本は、送料小社負担にて、お取り替え致します。

ISBN 978-4-534-05587-3　Printed in JAPAN

日本実業出版社の本

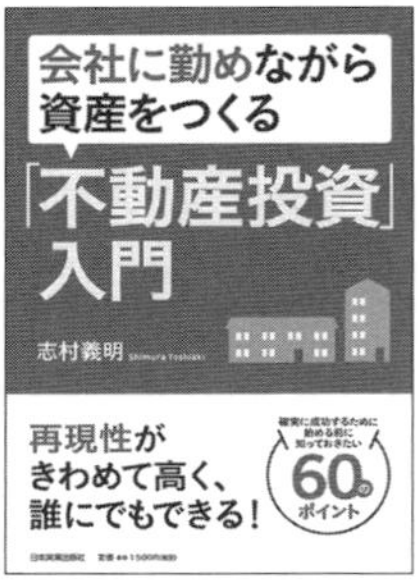

会社に勤めながら資産をつくる「不動産投資」入門

志村義明　定価 本体 1500円（税別）

サラリーマンをしながらアパート・マンション経営で５億の資産を築いた著者が、勤めながら資産をつくる不動産投資の基本ノウハウを丁寧かつ詳しく紹介。自身のブログで特に多い質問を中心にＱ＆Ａ形式で解説します。

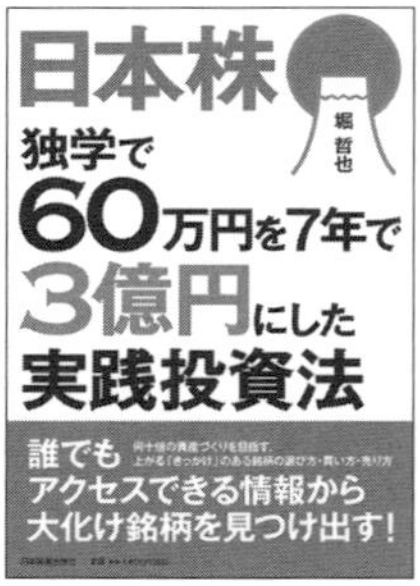

日本株　独学で60万円を7年で3億円にした実践投資法

堀哲也　定価 本体 1400円（税別）

リーマン・ショックで投資資金を60万円まで減少させた投資家が、独学で編み出した投資手法を公開！　プロと違い情報力で劣る一般投資家が、手に入る情報を駆使して、大化け銘柄を選び出すための手法です。

FX　億トレ！

内田まさみ　定価 本体 1400円（税別）

最初は負け続けていた“普通の人”だった７人が、なぜＦＸで億単位のお金を稼げるようになったのか。その考え方やトレード手法のエッセンスを学べば、「億トレーダー」への道が具体的にイメージできるようになります！

※定価変更の場合はご了承ください。